在るものと本質について

在るものと本質について

トマス・アクィナス著
稲 垣 良 典 訳註

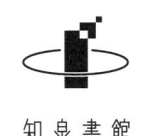

知泉書館

まえがき

　本書はトマス・アクィナス『在るものと本質について』（*De Ente et Essentia*）の全訳である。翻訳の底本として使用したのはレオニナ版全集第43巻369-381ページのテクストであるが，対訳本とするためのラテン語原文は，印刷の便宜上，既に電子化されているバウル版（Sermo seu Tractatus de Ente et Essentia. Edidit Ludvicus Baur, Aschendorff, 1926）を使用した。バウル版はほとんど同時に出版されたローラン-ゴスラン版（M.-D. Roland-Gosselin, O. P., Le "De Ente et Essentia" de S. Thomas D'Aquin Texte établi d'après les manuscrits parisiens Introduction. Notes et Études historiques, J. Vrin, 1926）と共に批判版として高く評価されてきたものであり，レオニナ版の編者もこの二つを最近の優れた批判版として枚挙している。たしかにレオニナ版はバウル版とは異なった読みを採用している箇所もあるが，その数は少なく，内容的にもテクストの理解を左右するものではないので，それらを一々指摘することはしなかった。またレオニナ版のラテン語の綴りは現在一般に用いられているものとは異なっており，演習のために本書を使用する場合にもバウル版の方が適当であろう。

　本書の邦訳は既に五つを数えている。
(1)　高桑純夫『聖トマス　形而上学叙説（有と本質について）』岩波書店，1935年。
(2)　ヴェンサン・マリー・プリオット／日下昭夫『聖トマス・アクィナス　有と本質について』聖トマス学院，1955年。
(3)　服部英次郎『トマス・アクィナス　存在と本質について』世界大思想全集Ⅱ28，河出書房新社，1965年。
(4)　須藤和夫『トマス・アクィナス　存在者と本質について』中世思想原典集成14，平凡社，1993年。
(5)　ボナツィ・アンドレア『聖トマス・アクィナス　存在者と本質に

ついて』聖トマス大学，2007年。

なお，『在るものと本質について』において用いられたすべての語彙を対象にした用語索引が水田英実氏によって1990年に作製・刊行されている。

このように既に5冊の訳書が出版されており，しかも最近の2冊はトマス全集の標準版として現在刊行中のレオニオ版にもとづく訳業であるのに，更に新しい訳書を公にすることにどんな意味があるのか。いうまでもなく，この疑問にたいする本来の答えは，この訳書を実際に読み，演習のテクストとして，あるいは西洋中世思想の参考書として使用した人々の心に浮んでくるものをおいて他にない。私自身，これまでの訳で不適切，不十分と思われた箇所はできるかぎり改善を試みたが，逆に多くの誤りを導入したのではないかと危惧している。しかし，私がこの新しい訳書で何より強調したかったのは，このトマスの小著作は，これまで紹介されてきたように，存在論あるいは形而上学の基礎概念あるいは基本問題についての手頃な入門書，あるいはトマス独自の「存在」(エッセ)を中核とする形而上学的革新の解説書にとどまるものではない，ということである。それはむしろ，すべての人間の心の奥底に自然に植えつけられているが，聖書の啓示によって限りない驚異と讃美をわれわれの心に呼びおこすことになった「神」と呼ばれる「存在」，その「存在」(エッセ)をめざしてトマスが試みた根元的で，徹底的な探究の素案であり，第一段階の記録なのである。その意味でこの作品は，それが現われた時代において革命的な挑戦の書であっただけでなく，現代のわれわれにとっても，「貴方の知的探究はまだ特殊で，限定された段階に安住しているのではないか，すべての在るものの第一の根源にたどりつくまで，もっと探究を徹底させるべきではないか」と語りかける知的挑戦の書であることを私は強調したい。

この訳書をさきに出版されたトマスの『自然の諸原理について』の姉妹編として出版することを私に勧めてくださったのは知泉書館の小山光夫氏であった。この著作とのつき合いは1948年，大学に入って間もない頃，神田の露天商で高桑訳の文庫本を見つけた時に始まるが，その後何

度か大学の哲学演習のテクストに取り上げて学生諸君と一緒に読み，現在も，西洋の古典を原文で一緒に読むことを好む若い同僚たちと——何年かかかってダンテの『神曲』天国編を読み終えたのに続いて——本書をすこしずつ読み進んでいる。他方，本書の内容については，カエタヌスの古典的註釈をはじめ，最近の様々な研究，A. マウラーの英訳や他のいくつかの現代語訳から色々と学ぶところはあったが，何か核心にふれることができない感じが残った。しかし最近になって，「解説」に記したようなトマスの「存在論」についての理解が次第に明確な形をとるようになり，この著作でトマスが意図し，構想していたことがかなり明瞭に見えるように感じられた。丁度その頃，小山さんから出版の勧めがあり，長年日課として続けてきた『神学大全スンマ』の訳が終ると同時にこの著作の翻訳に取りかかった次第である。この訳書が，その原著者を彼の全生涯を通じて「夜を徹して目覚め，労苦して学ぶ」（トマスの自らの死を前にしての証言）ほどの強烈で徹底的な知的探究へとかりたてた，あの「存在エッセの神秘」を読者に忠実に伝えることができるならば望外の幸いである。

目　次

まえがき …………………………………………………………… v

解説　『在るものと本質について』における存在(エッセ) ………………… xi
　Ⅰ　トマスの「存在論」について ………………………………… xi
　Ⅱ　「存在(エンス)するもの」・「本質(エッセンティア)」・「存在(エッセ)」 …………… xvii
　Ⅲ　複合実体と単純実体における「存在(エッセ)」 ……………………… xxi
　Ⅳ　心・身合一論と個体化の理論における「存在(エッセ)」 ………… xxvi
　Ⅴ　結語──「存在(エッセ)そのもの」である神 ……………………… xxviii

在るものと本質について ………………………………………… 3
　序　言 ……………………………………………………………… 5
　第 1 章 …………………………………………………………… 7
　第 2 章 …………………………………………………………… 13
　第 3 章 …………………………………………………………… 37
　第 4 章 …………………………………………………………… 49
　第 5 章 …………………………………………………………… 65
　第 6 章 …………………………………………………………… 77

訳者註解 …………………………………………………………… 89
索　引 ……………………………………………………………… 95

解　説

『在るものと本質について』における存在(エッセ)

I　トマスの「存在論」について

1. ここに訳出したトマス・アクィナスの著作『在るものと本質について』の解説に入る前に，この著作で取り扱われているトマスの「存在論」ないし「形而上学」と言われているものについて，簡単に述べておきたい。トマスの時代には「存在するものを存在するものであるかぎりにおいて」(ens inquantum est ens) 考察する哲学の部門を「存在論」と名付ける慣習はなく[1]，トマス自身，それを形而上学あるいは第一哲学と呼び，アリストテレスに従って「神的な学」(scientia divina) とも名付けている[2]。そしてトマスは形而上学ないし存在論の「体系」の構築を目指したというより，哲学的探究全体の基礎理論であり，またその最終的完成とも言える存在論を，自らの神学的探究にとって不可欠の援助奉仕者 (ancilla theologiae)[3] として重視し，それを理論として練り上げるために生涯にわたってアリストテレス哲学を熱心に研究し，新プラトン哲学に対しても積極的な関心を寄せ続けたのである

したがって，トマスの存在論を中心とする哲学的営為を，イスラム世界を経てキリスト教社会へと導入されたアリストテレス哲学との実り豊かな対話を通じて達成された新しい哲学的総合として哲学史的に位置づけることは誤りでないし，トマス自身も自らの存在論を古代ギリシア哲学以来の「存在(エン)するもの(ス)」の探究の歴史のなかに位置づけている[4]。しかしながら，トマスの存在論を単にそのよう

---

1) 「存在論」(Ontologia) の名称の起源は R. Gockl (Goclenius) (1547-1623) の *Lexicon Philosophicum* (1613) に遡るが，この用語がアリストテレスの「第一哲学」(形而上学) を意味するようになったのは Clauberg (1622-1665) に始まるとされる。なお，この用語を（自然）神学から切り離して使用する慣行を確立したのは Ch. Wolff (1679-1754) であるとされる。

2) *Summa Contra Gentiles (S. C. G.)*, I, 4; II, 25.

3) 「神学の婢女」と訳されることが多い。*Summa Theoloiae (S. T.)*, I, 1, 5, ad 2.

な存在論の展開の歴史のなかで，つまり純粋に自然的理性によっておし進められる「存在するもの」の探究の歴史のなかでのみ理解しようと試みることは適切ではない。そのような試みはトマスの存在論の皮相的な紹介にとどまるものであり，理解というよりは歪曲であると言わざるをえない。

2.　なぜなら，アリストテレスが『形而上学』で述べているように[5]，哲学する（知恵を愛求する）始まりには必ず「驚異する」（$\theta\alpha\upsilon\mu\acute{\alpha}\zeta\epsilon\iota\nu$）ことがあり，トマスを「存在するもの」の探究へとかりたててやまなかったのは，たんにそれまで「一歩一歩，真理の認識へと入っていった」[6]存在論の歩みをさらに一歩進めるという学者的使命ではなく，彼の心を大いなる驚異と讃美（admiratio）でゆり動かし，満たし続けた「存在の神秘」であったに違いないからである。したがって，トマスの存在論を適切に理解し，評価するためには，何よりも彼の存在論的探究の始源となった「存在の神秘」をつきとめる必要がある，と言えるであろう。

3.　そのような「存在の神秘」とは，E. ジルソンによると，預言者モーセに告げられた神の名「わたしはある」（Ego sum qui sum）[7]において示されたものであり，それをトマスは形而上学的に「存在そのもの」（Ipsum Esse）と解釈したのである。ジルソンはこの「存在の神秘」こそトマスの哲学的探究の全体を照明する「崇高な真理」（sublimis veritas）であると主張し，トマスの形而上学を「出エジプト記の形而上学」と呼ぶことを提案する[8]。

　このジルソンの見解は卓越したものであるが，私は『神学大全』翻訳の仕事を通じて，神学と哲学との区別を超える，トマスが行った知恵の探究（studium sapientiae）の歩みに直接かつ親密に触れたことがきっかけで，彼の存在論的探究の根源である「存在の神秘」についてはジルソンとは別の見解を抱くようになった。それは，トマスにおける存在論的探究の全体が，神はわれわれの救いのために「自らを無にして」[9]人間となった，という受肉の神秘（mysterium incarnationis），いいかえると，真の神であって真の人間であるキリストの「存在」の神秘によって呼びおこされた驚異・讃美を根源とするものであった，という見解で

---

4)　*S. T.*, I, 44, 2.
5)　*Metaphysica*, I, 2, 982 b 12〜.
6)　*S. T.*, I, 44, 2.
7)　「出エジプト記」3, 14。
8)　*Le Thomisme. Introduction à la Philosophie de Saint Thomas d'Aquin*, 6e ed., J. Vrin, 1972, p. 99〜.
9)　「フィリピ人への手紙」2, 7。

ある。それはさらに言いかえると,トマスの存在論的探究の全体が,「あなたはわたしを何者だと言うのか」[10]というイエス・キリスト自身の問いかけを,自らの人格のすべてをかけて受けとめ,それに適切にこたえることを意図して構想されたものであった,ということである[11]。

4. この見解に従えば,トマスの存在論は「受肉の存在論」として特徴づけられることになるが,それはけっして「出エジプト記の形而上学」を否定したり,あるいは排除するものではない。なぜなら,人となった神であるキリストの存在(エッセ)は神の存在(エッセ)そのものであるから,「出エジプト記の形而上学」の存在(エッセ)とまったく同一だからである。ではなぜキリストの存在(エッセ)にこだわるのかといえば,「出エジプト記」ではまだ予感のようなものとして示されるにとどまった存在(エッセ)そのものの意味が,受肉の神秘においては,どこまでも信仰のみによって肯定される神秘としてではあるが,手にとるようにあからさまに,そして親密に示されたからである。それはトマス自身が「最高の仕方で自己を被造物に伝える(すなわち自らをおしみなく与えつくす)こと」[12]という言葉で言いあらわしているところの,最高善あるいは善性そのものとしての神の本質にほかならない。したがってトマスによると,存在(エッセ)の意味を探りあてようとする者は,存在そのものが神の本質なのであるから[13],神の本質あるいは本性としての最高善・善性そのもの(ipsa bonitas)に精神の目を向け,それをどこまでも探究しなければならないのである。

5. このように,神が人間の救いのために人間となった,という受肉の神秘においてトマスが見てとったキリストの「存在(エッセ)」は,大いなる驚異と讃美を彼の心のうちに呼びおこした。そして,それは同時にトマスにたいして,彼がその生涯を通じて取り組むことになった問題をつきつけるものでもあったのである。トマスの存在論的探究の全体がこの問題に立ち向かい,それに適切な解答を与えることを意図して構想されたものであった,ということができるであろう。そのことを可能にするために,トマスはアリストテレス哲学や新プラトン哲学において展開された存在論を徹底的に研究した上で,自らの独自の「存在(エッセ)」を中核とする存在論を確立した。このトマスの存在論に関しては,「存在するもの」(ens)がそこに

[10) 「マタイ福音書」16, 15;「マルコ福音書」8, 29;「ルカ福音書」9, 20。

11) 拙稿《キリストの存在論》試論 *Summa Theoloiae*, III, 16-17『純心人文研究』16号,2010年。

12) *S. T.*, III, 1, 1.

13) 本書,第四章。Cf. *S. T.*, I, 3. 4; 12, 2, ad 3.

おいて最初に、そして本来的に捉えられる「場」[14]とは、われわれが通常、感覚的に知覚される諸々の（物質的）事物がそこに「在る」と見なしている外界[15]ではなく、われわれの精神ないし知性が自らの働きをふりかえり、いわば自己に立ち帰るときに、つまり一種の自己認識によって開かれる（自己の）内なる世界[16]である、と明確に主張した点に注目すべきであろう。

6. ところで、トマスの「存在」理解をこのように解釈することは、トマスの存在論とデカルト的コギトの立場とを同一視するような印象を与え、トマスが一貫して主張する「人間の自然的な認識は感覚から始まる」[17]、あるいは「身体と結びついている人間の知性の固有の対象は、物体的質料においてある何性（quidditas）ないしは本性（natura）である」[18]という彼の経験を重視する基本的立場とは相容れないように思われるかもしれない。しかし、事柄の真実をいえば、この後の考察であきらかにされるように、トマスによると、われわれの知性が最初に、いわば最もよく知られたもの（quasi notissimum）として理解し、そしてそれへとすべての理解されたことを帰着させるのは存在するもの（ens）であるが[19]、その存在するものの理解が明確に成立するのは、知性が自己へと立ち帰ることを通じて遂行する判断（judicium）の働きによってなのである[20]。

トマスのいう知性ないし精神の自己への立ち帰りとデカルト的コギトの立場との関係について立ち入って論述することはできないが[21]、トマスの「存在」理解がそこにおいて成立する、知性の自己への立ち帰りによって開かれる内なる世界とは、けっして実在と対立し、それから切り離された主観的意識の内に閉じこめられた世界ではなく、むしろ知性がその本性からしてそれに関わり、それとの適合ないし合一へと向かうところの[22]、真の意味での実在の世界であることは指摘

---

14) 「場」とは、いうまでもなく物理的な場所ではなく、或ることの理解ないし、認識が可能となり、現実に成立するために前提とされるものを指している。

15) それはむしろ事物がそこに真の意味で「在る」というよりは、そこで「現われ」「知覚される」世界である。

16) このような「自己認識」を行う存在を「ペルソナ」と呼ぶならば、この世界とはペルソナがそこにおいて存在する世界である、と言うことができる。

17) *S. T.*, I. 1. 12. 12.

18) *S. T.*, I. 84. 7; 8; 85, 1; 5; 5, ad 3; 6; 8; 86, 2; 87, 3; 88, 1; 3.

19) *Quaestiones Disputatae De Veritate*, 1, 1.

20) *Scriptum super Libros Sententiarum (In Sent.)*. I. 19. 5. 1. ad 7; 38, 1, 3, sol.; *Expositio super Librum Boethii De Trinitate (In De Trin.)*, 5, 3; *De Veritate*. 1. 3; 9.

21) 参照。Peter Hoenen, *La théorie du jugement d'après St. Thomas d'Aquin*, Gregorian University Press, 1946. Hoenen は本書第12章においてこの問題について考察している。

しておかなければならない。それはむしろ，アウグスティヌスが『告白』のなかで繰り返し語っている[23]，精神が自己に立ち帰り，自己の内奥にどこまでも入ってゆくとき，精神を超えたところで真に「存在するもの」，永遠にして不変な真理に到達する，という精神の自己認識にあたるものである。したがって，トマスの「存在」理解ないし存在論はアウグスティヌスの精神の形而上学と深い親近性を有するように思われる。

アウグスティヌスが精神の自己認識の歩み，精神が自己に立ち帰り，自己の内奥にどこまでも入ってゆく探究について語るとき，彼はけっして精神が心あるいは意識の密室に入ると考えているのではない。むしろ彼は，精神が自己認識によって物体よりは高次の自らの在り方——まさしく自己に完全に立ち帰るという在り方[24]——を学び，この学びを通じて次第に，真に「存在するもの」を明確に理解する段階へ向けて精神の眼が慣らされてゆく道について語っていたのである。トマスが構想し，アリストテレス哲学や新プラトン哲学の徹底した吟味を通じて思索を練り上げていった存在(エッセ)を中核とする存在論も，根本的には精神ないし知性の自己認識にもとづく「存在」理解から出発して，すべての存在するものの第一の根源である存在そのもの（Ipsum Esse）へと探究を進めるものであり，その意味で根本的にアウグスティヌスの精神の形而上学の伝統を継承する存在論である，ということができる。

7. いま，トマスの存在論は存在(エッセ)を中核とする，という言い方をしたが，この「esse」(ある)という単純極まる言葉は，トマスの哲学に初めて接する者にとってだけではなく，長年トマス哲学の研究を行ってきた者にとっても，それを主題的に説明しようとすると，どこに焦点を合わせ，どこに重点を置いたらよいのかに迷い，たちまち言葉に窮してしまう困難を秘めている[25]。そのことは，「esse」(ある)は，「vivere」(生きる)「intelligere」(理解する)と並んで，われわれが自己をふり返るだけで，最も明白で確実な事実として確認できることであり，その意味でわれわれにとって最も知られたことでありながら，同時にそれはわれわれが徹底した無知を告白しなければならない[26]神秘としての神を指す名前——「存在そのもの」[27]（Ipsum

---

22) *De Veritate*, 1, 9.
23) Augustinus, *Confessiones*, VII, 10, 16; 17, 23; IX, 10, 24; X, 7, 11.
24) *De Veritate*, 1, 9.
25) 参照。長倉久子『トマス・アクィナスのエッセ研究』知泉書館，2009年。
26) 参照。拙著『トマス・アクィナス』勁草書房，1979年，56-57ページ。
27) *S. T.*, I, 11, 4; 13, 11.

Esse）——でもある，ということが雄弁に物語っている。

　トマス自身，理解しようとして近づく者を，いわば目に見えない，しかし越え難い壁によって押し返してしまう「esse（ある）」の神秘ないし逆説について簡潔に語っている。すなわち，「vivere（生きる）」は「esse（ある）」よりもより完全であり，「sapere（知恵がある）」は「vivere」よりもより完全であるから，「esse」は完全性の最も低い段階であるように見えるが，他方，ものが完全であるのはそれが何らかの仕方でesseを有しているかぎりにおいてであるから，sapereとか，vivereといった諸々の完全性は，すべてesseの完全性に属するのであり，esseそのものはすべてのもののうちで最も完全なものと言わなければならないのである[28]。

8.　ここで直ちにあきらかなこととして確認されるのは，トマスが用いるこの「存在（エッセ）」という言葉は極度の多義性（equivocatio）をはらむ，ということである。それはわれわれが最初に最もよく知られたものとして理解する「存在するもの」（ens）といわば同列の言葉であり，われわれにとって最もよく知られていると同時に，われわれの知的探究の終極にある「全く不可知なるもの」を指す名称でもある。このような極度の多義性は，言うまでもなく単なる不注意や思想の混乱によって生じたものではなく，ひとえにトマスが先人たちによって推し進められてきた「存在するもの」の探究[29]を，すべての存在するものの第一根源に到達するところまで徹底的に遂行したことにもとづくものである。言いかえると，トマスは言語の一義性や論理的斉合性によって成就される思想の明晰・判明よりは，むしろ知的探究を極限まで徹底させることにおいて証示される真理への忠実さを選んだのであり，「存在（エッセ）」という言葉の多義性はその一つの現われと見るべきであろう[30]。

　もしそうであるならば，トマスのいう「存在（エッセ）」は，「存在（エッセ）とは何か」という問いを発して，それにたいする一義的で明晰な答えを追求することで理解できるものではないことは改めて言うまでもない。むしろ，「存在（エッセ）」を適切に理解するためには，トマス自身が「存在するもの」について行った知的探究の全体を注意深くたどり，彼の知的探究の始源ないし根源と終極とを正確に見極めることが必要

---

28)　*S. T.*, I, 4, 1; 2.
29)　トマスは彼の著作のなかで繰返しこの探究の歴史をふりかえっている。*S. T.*, I, 44, 2; *Quaestiones Disputatae de Potentia Dei*, 3, 5; *Tractatus de Substantiis Separatis*, 7.
30)　類比（analogia）は多義性の一種であり，したがってトマスの存在論に関してしばしば議論されてきた類比の問題も，根本的にこの視点から考察すべきであろう。

解　説　　　　　　　　　　xvii

とされる。

II　「存在するもの(エンス)」・「本質(エッセンティア)」・「存在(エッセ)」

1. 『存在するものと本質について』（*De Ente et Essentia*）と題する[31]この小著作（opusculum）（以下『デ・エンテ』と略称）は同時代の伝記者ルッカのトロメオによると「彼（トマス）がまだ（神学部）教授（Magister）に就任する前に修道士たちや僚友のために書いた」[32]ものでありトマスが正式に神学部教授としての資格を認定されたのは1256年春であるから，それ以前，彼が30歳前後の頃書かれたと推定される。この著作が同時代人に与えた衝撃[33]，およびその哲学的意義は著名な中世哲学研究者 A. マウラーが1949年に出版した英訳の序文の次の言葉が適切に語っていると思われる。

> 「こんにちのわれわれは，この著作の感情をおさえた，没個人的なスタイルのために，そこで戦われている哲学的対決のドラマ，およびそこに含まれている哲学的思索における著しい前進に気がつかないかもしれない。しかし13世紀中頃パリ大学で活動していた哲学者たちにとっては，この著作は批判と挑戦をつきつけるものであった。この若い，俊秀なドミニコ会修道士は先人たちや同時代人たちの英知から多くを学びとるにとどまらず，彼の時代の最も著名な思想家たち[34]の学説を疑問視し，自らの独創的な形而上学的洞察でもってその時代の最も緊急な諸問題[35]に光をあてていたのである。……一言

---

[31]　現在は写本の研究にもとづいてこの表題が確定されているが，トマスがこの著作を教授(マギステル)になる前に書いたことを証言しているドミニコ会修道士ルッカのトロメオは『何性と存在について』（*De Quidditate et Esse*）という表題を記している。この表題はトマスのこの著作の中心課題が当時の人々にどのように受け取られたかを示すように思われ，その意味で興味深い。

[32]　*Tolomeo de Lucca. Historia Ecclesiastica*, XXII, 21.

[33]　トレルはこの論考は「異例の成功」（une fortune extraordinaire）を収めたと述べており，それを裏づける証拠として181の写本が現存する事実を挙げている。Jean-Pierre Torrell, *Initiation à Saint Thomas d'Aquin. Sa Personne et son Oeuvre*, Éditions du Cerf. Paris. 1993, p. 71.

[34]　そのなかにはハレスのアレクサンデル，ボナヴェントゥラ，ロージャー・ベーコン，オーヴェルニュのギヨームなどが含まれていた。

[35]　たとえば普遍の問題，個別化の根源，知的実体と質料，心身合一と霊魂の不滅，知性の単一性の問題など，この時代の思想家たちによって活発に論じられていた諸問題。

でいうと，この短い論考において彼は形而上学における革命——その意義は彼が『対異教徒大全』と『神学大全』という二つの大作を書いたときはじめて十分に評価することができるようになるのだが——のプログラムを提示していたのであった。」[36]

ここでマウラーが「形而上学における革命」という言葉で言おうとしているのは，「存在(ンス)するもの」の探究を，それまでのアリストテレス主義者や新プラトン主義者の「形相」「本質」ないし「実体」の段階から，最高の現実態ないし完全性としての「存在(エッセ)」へと前進させたことである。「形相」ないし「本質」と「存在(エッセ)」との区別は，トマス自身この著作で指摘しているように，アリストテレスの著作として伝えられたが，実際には5世紀の新プラトン主義者プロクロス『神学綱要』(*Elementatio Theologica*) の抜粋であった『原因論』[37] (*Liber de Causis*) においても見出され，したがって本書でトマスがしばしば引用している，新プラトン哲学の影響を受けたアヴィセンナにおいても見出される。しかし，「存在(エッセ)」を中核とするトマスの存在論は，さきに触れたように，「人となった神」というキリストの「存在(エッセ)」の神秘を視野に入れて構想されたものであり，たしかに「形而上学における革命」という言葉が誇張ではない程の革新性を有していた。

「存在(エッセ)そのもの」が神を指す名称であることはすでに指摘した。実際にトマスによるとこの名称はいかなる他の名称にもまして神に固有の名称である[38]。そのような神を，トマスは「存在するもの」の探究である存在論の終極にあるものと主張しており，その意味で神は存在論ないし形而上学の全体を可能ならしめる存在として前提されている。言いかえると，トマスの存在論は神こそは「存在(エッセ)そのもの」であるという洞察によって支えられ，導かれている。しかし，言うまでもなく，神が形而上学にとって，その主題ではないにしても，中核的な位置を占めることは，トマスの場合に限ったことではなく，またそのことが彼の形而上学を「革新的」たらしめたのでもなかった。むしろ，神はアリストテレスの『形而上学』においてそうであったように，形而上学の歴史の当初から或る意味で「形而上学」と呼ばれる知的探究の中心的位置を与えられてきたのであり，形而上学は

---

36) A. Maurer, *On Being and Esseuce by St. Thomas Aquinas*, The Pontifical Institute of Medieval Studies, 1949, p. 8.
37) V. M. ブリオット／大鹿一正訳，聖トマス学院，1967年．
38) *S. T.*, I, 11, 4; 13, 11.

「神学」だったのである[39]。むしろ，トマスの形而上学の革新性ないし独自性は，「存在(エッセ)」がすべての「存在するもの」の第一根源であり，究極目的としての神を指すにとどまることなく，「人となった神」について語るのに用いられうるところまで形而上学的思索が前進させられた点にある，と言うべきであろう。そして，「存在(エッセ)」の形而上学の基本的構造はこの小著作においてすでに確立されていた，というのがここで提示しようとする解釈である。

2. トマスはこの論考の冒頭で，取り扱われるべき課題は「存在するもの」(ens)「本質」(essentia) という名称の意味（significatio），「本質」は様々のもの（諸々の実体——複合実体と単純実体——や付帯性）のうちにどのような仕方で見出されるか，諸々の論理学的概念（intentiones logicae）にどのような仕方で関係づけられるか，の三つであることをあきらかにする[40]。その上で「われわれは複合されたものから単純なものの認識を受け取り，より後なるものからより先なるもの[41]へとたどりつくべきであるから——そのようにより容易な事柄から始めることで教導・学習はより理にかなったもの（convenientior）になるのだから——《存在するもの(エッセンス)》の意味から《本質(エッセンティア)》の意味へと進まなければならない」と探究の方法を確定する[42]。

ここでトマスが「存在するもの(エッセ)」は「本質(エッセ)」よりもより複合的で，より後なるものであることを前提して論を進めていることに注目する必要がある。おそらく，われわれの間では「存在するもの(エッセ)」という概念，すなわち単純な「ある」という概念こそすべての概念のうちで最も単純であり，他のすべての概念，つまり「……である」と諸々の本質を表示する概念はそれに何らかの規定を付加することによって形成される，と考える者が大多数だと思われる。そうであるとしたら，トマスがここであたかも自明的であるかのように前提していることは，われわれの間で広く受け容れられている「存在」理解とは反対の極に位置するものである

---

39) トマス自身，アリストテレス『形而上学』の註解，序言で，形而上学ないし第一哲学は，可感的な質料からまったく分離された諸々の実体を考察することのゆえに，「神的な学」(scientia divina) あるいは「神学」と呼ばれる，と述べている。*In Duodecim Libros Metaphysicorum Aristotelis Expositio.* Prooemium.

40) *De Ente et Essentia.* Prologus.

41) ここで「より後なるもの」(posteriora)「より先なるもの」(priora) とは，それ自体においてそうであるもののことであり，われわれにとっては複合的なものがより先なるものであり，より容易に理解される。

42) *De Ente,* Prologus.

ことになる。明白にトマスは「存在するもの(エンス)」を最も単純な概念,いな,そもそも概念[43]であるとは考えていなかったのである。

3. トマスは「本質(エッセンティア)」という名辞は,諸命題の真理(veritas propositionum)を表示するかぎりで語られた ens からではなく,10個の類(最高類としてのカテゴリー)によって分割されるものを表示するかぎりで語られた ens からとられたものである,と言う[44]。そして,本質を「それによって,またそれにおいて《存在するもの》(ens)が《存在》(esse)を持つところのもの」[45]また「それによってもの(res)が在る(esse)と言われるところのもの」[46]と定義している。これらの定義からあきらかに認められることは,彼が「存在するもの(エンス)」を「本質」と「存在(エッセ)」から複合されたものとして理解していた,ということである。この後,すぐにあきらかにされるように[47],すべての「存在するもの」の第一根源である神においてはこの複合は否定される。しかし「存在そのもの(エッセ)」である神は,その「存在(エッセ)」が「そのままその本質」であるところのもの,と言われるから,「存在」と「本質」との二者にもとづいて「存在するもの」を理解する立場は貫かれている。いずれにしても,「存在するもの(エンス)」という名辞は「本質」と「存在(エッセ)」という二つの要素[48]にもとづいて理解されるのであり,その意味で複合されたものである。

「存在するもの(エンス)」を「本質」と「存在(エッセ)」から複合されたものとして理解することは,「存在するもの」が知性によって最初に理解されるものであり,いわば最もよく知られたものであるにしても,それを内容的には最も空虚な,単純にただ「ある」という概念として理解すること——これがわれわれの間で広く受け容れられている「存在」理解である——とは対極に位置するものであることをあらためて確認しておきたい。実際のところ,それが知性によって最初に理解されるものであるということは,その理解のうちに,それに続くわれわれの知的探究によってあかるみに出されることのすべてがあらかじめ含まれているということであり,その意味でトマスは,知性がそれへとすべての理解されたことを帰着させる

---

43) その意味が一義的に規定される普遍的概念。
44) *De Ente*, Capitulum 1.
45) *Ibid*.
46) *De Ente*, C. 2.
47) *Ibid.*, C. 4.
48) 可能態(potentia)と現実態(actus)の二つであり,要素という用語は広い意味に解している。

（in quod conceptiones resolvit）と述べたのである[49]。そしてトマスは，自らの真意をあきらかにするために，この言明がそこから取られたアヴィセンナの「したがって他のすべてのことは知性によって理解された存在（エン）するもの（ス）への付加によって（ex additione ad ens）得られる」という見解を訂正して，「存在（エン）するもの（ス）には何ものもいわばその外にあるものとして付加することはできない……なぜならいかなる本性（natura）も本質的に（essentialiter）存在（エン）するもの（ス）だからである」[50]と主張したのである。

「存在（エン）するもの（ス）」はけっして適用範囲は最も広いが，内容は空虚であるような概念ではない。諸々の「存在（エン）するもの（ス）」は各々の本質に即して「存在（エッセ）」を有するものである。この「存在を有するもの」（habens esse）という言葉に含まれた豊かな意味を見落としてはならない。「存在そのもの」（Ipsum Esse）がすべての完全性を最も卓越した仕方で自らのうちに持つ[51]神の名称であるかぎり，それぞれの本質に対応する「存在（エッセ）」を有する諸々の「存在（エン）するもの（ス）」はまさしくそれぞれの本質に対応する完全性を有するものである。言いかえると，トマスが理解した「存在（エン）するもの（ス）」は，それがいかに些細ではかないものであろうとも，「存在（エン）するもの（ス）」であるかぎり，それに「存在（エッセ）」を与えた「存在そのもの」の無限な完全性を反映しているのである。この「存在」理解は一輪の花，そこにやどる一滴の露のうちに全宇宙の完全な美を見てとる詩人の魂に通じるものと言えるのではないだろうか[52]。

Ⅲ　複合実体と単純実体における「存在（エッセ）」

1.　すべての教導・学習（disciplina）はより容易な事柄から始めるべきである，という学習の順序[53]（ordo disciplinae）に従って，さきに「存在（エン）するもの（ス）」の意味から「本質」の意味へと探究を進めたトマスは，次に同じ原則にもとづいて，われわれにとってよりよく知られたものである複合実体（substantia composita）

---

49)　*De Veritate*, 1. 1.
50)　*Ibid.*
51)　*De Ente.*, C. 5.
52)　「詩人トマス」について拙著『トマス・アクィナス』講談社学術文庫，1999年，176-178ページを参照。
53)　トマスは『神学大全』の序言でも「学習の順序」の重要性を強調している。

における本質から単純実体（substantia simplex）における本質へと考察を進める[54]。ところが，彼は複合実体における本質についての考察を始める前に，これら二種類の実体の間に見られる関係について，われわれにとっては極めて理解困難であることをあたかも自明的なことであるかのように言明する。

　それは，本質は諸々の単純実体においては（複合的実体におけるよりも）より真実かつ高貴な仕方で（veriori et nobiliori modo）存在し，それにもとづいてそれら（単純実体）はより高貴な存在（esse nobilius）をも有する，という主張である。その理由として，諸々の単純実体——すくなくとも神であるところの第一の単純実体（substantia prima simplex quae Deus est）——は複合的である諸々の実体の原因（causa）であるから，と彼と言う[55]。しかし，本質が「より真実で高貴な仕方で」存在するとはどういうことであるか，また「より高貴な存在」と言われるときの「高貴」とは何を意味するのか，そして彼はいかなる根拠にもとづいて単純実体は複合実体の原因（causa）であると言うのか……これらの問いに答えることは現代のわれわれにとってはけっして容易ではない[56]。

　ここでトマスが述べていることは，諸々の単純実体のうち，あらゆる仕方での単純性[57]（omnimoda simplicitas）を有する第一の単純実体が創造主たる神であって，神から「存在」を受け取ることによって存在する諸々の諸実体のうち，神により近接的であるのが単純実体（見えざるもの）であり，より遠隔的であるのが複合実体（見えるもの）であることを認める者にとっては，容易に受け容れることができるであろう。その場合には神により近い単純実体が「より真実で高貴な仕方で」存在する本質を有するのは当然と思われるからである。また，神によって創造されたもののすべてが，究極目的であり，最高善である神への到達に向かって活動する，という目的論的思考を肯定する者にとっては，第一の単純実体である神のみでなく，それにより近接的である単純実体が，より遠隔的である複合実体にとっての原因であることは容易に受け容れられるであろう。なぜなら，神により近接的な上位の存在するものである単純実体は，第一原因であり究極目的である神により近接的であることによって，原因（causa）としての性格をより

---

54)　*De Ente.*, C. 1.
55)　*Ibid.*
56)　とくに「原因」と「結果」との関係を，ヒュームに従って（David Hume, *A Treatise of Human Nature*, I, 3, 2.），そこに何らの必然的結合をも認めず，ただ時間・場所的接触と原因の結果にたいする時間的先行を認める者にとって，トマスの言明は理解不可能であるに違いない。
57)　*De Ente.*, C. 5.

多く有すると考えられるからである。しかしながら，このような創造論的世界理解，および目的論的思考がほとんど「未知の国」[58] (Terra Incognita) となった現代のわれわれにとっては，トマスがここで述べていることは著しく理解困難であると言わざるをえない。

2. トマスは神，知性体 (intelligentia)，霊魂 (anima) など単純実体の本質はわれわれにはより秘められている (nobis magis occultae)[59] と言うが，感覚的経験によっては在ることが実証できないこれらの諸実体は，われわれの多くにとって唯一の実在世界である（科学的に解明される）自然界からは完全に排除されている。ところで，トマスによると複合実体の本質が可能態 (potentia) である質料 (materia) と現実態 (actus) である形相 (forma) から複合されているのにたいして，単純実体の本質は——当時かなり有力であった[60]，最高に単純である神の外は何らかの質料を含むとする学説[61]を明確に斥けて——形相のみである。しかしながら，知性体や霊魂などの有限な単純実体においてはいかなる仕方においても (nullomodo) 質料と形相との複合はないとはいえ，有限であるかぎり，それらは純粋現実態ではなく，現実態と可能態との複合は見出される。それはトマスによると（可能態である）形相と（現実態である）存在(エッセ)との複合である[62]。

　質料をまったく含まない非質料的な (immaterialis)，したがってまた非物体的であり，感覚によっては知覚できない形相のみの本質をもつ単純実体の可能性は，われわれの科学的世界像からは排除されているが，トマスは一方では知性的認識の能力にもとづいて[63]，他方では質料は存在するために形相に依存する——形相は質料に存在(エッセ)を与える (forma dat esse materiae) ——が，その逆は真ではない，ということにもとづいて[64]，簡単に確証できると主張する。その上で，そのような単純実体である人間の霊魂，すなわち人間を人間たらしめる形相が，な

---

58) そのような世界理解や思考法は，近代の自然科学にもとづく宇宙像とはまったく異質であるとの意味で「未知の国」にたとえられる。
59) *De Ente.*, C. 1.
60) 註29で挙げたフランシスコ会の有力な神学者たちによって支持された。
61) Avicebron（1020頃-1057/8）が『生命の泉』(Fons Vitae) と題される著作（12世紀にアラビア語からラテン語に訳された）のなかで唱えた説。
62) *De Ente.*, C. 4.
63) *Ibid.*
64) *Ibid.*

ぜ質料である身体と結びつくことなしには存在しえないのか，を現在のわれわれには予想外としか言い様のない理由によって説明している．すなわち，このようなことが起こるのは人間の霊魂が第一の純粋現実態である第一の根源（Primum Principium）から遠く離れた単純実体だからだ，というのである[65]．別の箇所でトマスはより厳密に人間の霊魂は単純実体ないし知性的実体であるが，諸々の知性的実体の系列のなかで最下位を占める[66]——彼にとって人間は世界の中心に位置するものではなかった[67]——と明言しており，このような知性的実体としての不完全性のゆえに人間の霊魂は質料と結びつかざるをえなかった，と説明している[68]．

3. このようにあらゆる仕方での単純性を有する第一の純粋現実態を除くすべての単純実体ないし知性的実体は，現実態である存在(エッセ)と可能態である本質から複合されていることをあきらかにした上で，トマスはこれらの知性的実体において存在(エッセ)は本質とは別のもの（aliud）であることを確認する[69]．それの理由として，トマスはこれら知性的実体が何であるか，つまりその本質ないし何性（quidditas）は，それらのものが実在界（rerum natura）において「存在(エッセ)」を有するか否かについて何も知らなくても理解（知性認識）できるからだ，と述べている[70]．つまり，それらの本質の理解（intellectus）のなかにはそのものの存在（esse suum）は含まれていない，したがって存在は本質とは別のものだ，と言うのである．

ここで，「実在界において存在(エッセ)を有する」と言われるときの「存在(エッセ)」を，何かがたんに今・ここに在る，つまり感覚的に知覚される，ということと簡単に同一視してはならない，ということをとくに強調したい．トマスは注意深く「存在を有する」（habens esse）[71]という言い方をしており，ここで言われる「存在(エッセ)」は可能態としての本質を規定し，完成する現実態としての「存在(エッセ)」を指すものと理解しなければならない．言いかえると，この「存在(エッセ)」は純粋現実態である第一の

---

65) *Ibid.*
66) *Ibid.*
67) 中世の「古い」世界像においてはそのような考え方が一般的であった，というのが通説であるが．
68) *De Ente.*, C. 4.
69) *Ibid.*
70) *Ibid.*
71) *Ibid.*

解　説

根源から与えられる「存在(エッセ)」なのである。そうでないと，この後に続くトマスの議論はその意味を喪失してしまうであろう[72]。

　このように本質ないし何性とは別のものである「存在(エッセ)」は，当の知性的実体自身の本性的な諸根源によって原因されるか[73]，あるいは或る外的な根源に由来するものであるか[74]，そのいずれかでなければならない，とトマスは言う[75]。しかし，前者の場合，知性的実体はまさしく作動原因（causa effciens）[76]として自分自身を「存在(エッセ)」へと造りだすことになり，そのようなことはけっしてありえない。後者の場合，諸々の外的根源の系列を無限に遡らせることはできないので，自らは「存在のみ」（esse tantum）であることによって，すべての事物が存在することの原因であるような或るものがなければならない。こうして諸々の知性体（intelligentia）は形相と「存在(エッセ)」から複合されており，そして「存在(エッセ)」を「存在のみ」（esse tantum）であるところの第一の存在するもの（primum ens），すなわち神である第一原因から受けて有することはあきらかである，とトマスは結論する[77]。

　この議論は単純実体における本質と存在(エッセ)との複合から「存在のみ」（esse tantum）である「第一の存在するもの」であり，第一原因である神へと論を進めており，トマスはここで神の存在論証を提示している，と解釈する論者がいるかもしれない。しかし，厳密な意味での神の存在論証は神は「存在するかどうか」[78]（An sit）という問題に関わるのであって，ここでの議論のように，「存在(エンス)するもの」を本質と存在(エッセ)との複合として理解する立場をとった場合には，そのようなすべての「存在(エンス)するもの」に存在を与える「第一の存在するもの」である「存在のみ」（esse tantum）に必然的に到達せざるをえない，という主張は厳密は意味での神の存在論証ではない。それはむしろ，われわれの「存在(エンス)するもの」に関わる知的探究は，その全体――始源と終極――が「存在そ

---

72)　そのように「存在(エッセ)」を理解しないかぎり，「存在のみ」である「第一の存在(エンス)するもの」へと論を進めることはできないからである。
73)　たとえば「笑いうる」（risibile）という特性が人間の理性的な本性によって原因されるように。
74)　たとえば光が太陽から大気へと流入する場合のように。
75)　De Ente., C. 4.
76)　ここでトマスはとくに「私は言う」（dico）と以下に述べることが自らの主張であることをあきらかにした上で「作動原因」の言葉を付加している。De Ente., C. 4.
77)　Ibid.
78)　S. T., I, 2, 3. 言いかえると，神が存在することを否定する議論を前提とする。

のもの」(Ipsum Esse) である神によって支えられ，導かれていることを言明するものである[79]と見るべきであろう。

IV 心・身合一論と個体化の理論における「存在(エッセ)」

1. 「存在(エッセ)」を中核とする存在論の立場を確立したことによって，トマスは彼の時代の緊急な問題にどのような新しい光をあてることができたのであろうか。トマスは本書の第2章と第3章において，類（genus），種（species），種差（differentia）などの論理学的普遍概念（intentio logica）は，事物（res）について述語される場合には，事物の全体を表示することを，繰返し主張する。たとえば「ソクラテスは人間である」という命題において，「人間」（種）は，ソクラテスを個人として他の人間から区別する諸要素を切り捨てて，「人間としてのソクラテス」のみを表示しているのではない。また「人間は動物である」という命題についても同様であって，ここで「動物」（類）は「理性的，……」という高次の要素を切り捨てた，人間の「動物」という部分を表示しているのではないことを強調する。言いかえると，「……である」という言明は，常に事物の本質を表示するものであって，そのことは主語と述語によって表示されている本質の同一性，ないし一性（unitas）を肯定することにほかならない[80]。

このトマスの命題論は，類種関係を外延の量的大小にもとづいて理解する通常の論理学の立場とは著しくかけ離れており，トマスの真意を理解することは困難であると思われる。私自身は，トマスのこの命題論は，彼が当時の有力な学説であった形相多数性（pluralitas formarum）を斥けて，形相唯一説をとったことと関係があり，その根底には彼の存在論的立場があると考えるが，ここでこの問題には立ち入らない。

2. ここでは第一に，トマスは人間における霊魂と身体の関係について，通説のように，人間は霊魂であり，身体を水夫が舟を操るように道具として使用する（身体という牢獄に閉じこめられているのではないにしても）というプラトン的

---

[79] 前述したようにこの小著作はたしかにそのような言明である。

[80] トマスはここで普遍（universale）の問題に関して自らの独自の立場を提示しており，その議論は彼の存在論とも緊密な結びつきがある。参照。拙著『トマス・アクィナス哲学の研究』創文社，1970年，第七章「普遍の問題」。

立場を斥けて，形相である霊魂は質料としての身体と合一することによって人間という実体を形成するというアリストテレス説に全面的に与したのではないことを指摘する[81]。たしかに人間という合成実体の本質はアリストテレス説のように霊魂（形相）と身体（質料）との複合であるが，人間の本質は霊魂に固有な存在(エッセ)と身体とが複合することによって人間という「存在するもの」を成立させているのだ，というのが「存在(エッセ)」を中核とする存在論にもとづくトマスの立場であった[82]。そして，トマス説の独創的な点は，身体はなぜ霊魂に固有の存在(エッセ)と複合したのかという問題への解決に見出される。すなわち人間の霊魂は知性的実体の最下位にあって，純粋現実態である第一原因から最も遠く，したがって可能態をより多く含んでいるところから，質料的事物に近接し，そのため質料的事物がそれ（霊魂）に固有の存在を分有することへと引き寄せられた（trahatur ad participandum esse suum)，というのである[83]。実はトマスはこれと同様の議論を彼の著作活動の最後期，『神学大全』第三部キリスト論においても行っており[84]，この小著作においてトマスは彼の形而上学の基本的構造をすでに確立していた，とさきに述べたのはそのためである。

3. 次に個体化の理論，とくに人間の個体化の問題に関して，トマスは彼の存在論にもとづいて重要な指摘を行っている。トマスの個体化の根源（principium individuationis）に関する立場は，「（三次元的量によって）指定された質料」（materia signata）というのが通説であり，通常の可感的・質料的事物の個体化に関してはそれで問題ないが[85]，人間の個体化に関してトマスが本書において「存在(エッセ)」を個体化理論に導入していることはなぜか見落とされることが多い。トマスによると，人間の霊魂は，たしかに身体と合一している間は機会という仕方で（occasionaliter）身体によって，つまり指定された質料によって個体化されている。なぜかといえば身体においてでなければ個体化された存在を受け取ることはできないからである。しかし，身体から離れたときにはいっさいの個体化が

81）この問題に関して次を参照。同上，第八章「心身論」，とくに第一節「トマス心身論の基本的立場」。

82）この立場をとることによって，トマスは人間における霊魂と身体との合一を主張しつつ，霊魂は身体から分離されることによってその存在(エッセ)を喪失するのではない，という霊魂の不可滅性（incorruptibilitas）を証明することができたのである。Cf. *S. T.* I, 75, 1, ad 5; 6.

83）*De Ente.* C. 4; cf. *S. T.* I, 75, 1, ad 5.

84）*S. T.*, III, 3, 1; ad 1; 17, 2, ad 2.

85）*De Ente.*, C. 2.

消失するかといえば，けっしてそうではない。なぜなら，この身体の形相となったことによって，人間の霊魂は個体化された存在(エッセ)を取得したことからして，(いまや自らに固有な)「絶対的存在」(esse absolutum) を有するのであるから，この存在は常に個体化されたものとして存続するからである[86]。つまり，人間の個体化の根源は，他の複合的実体のように端的に質料ではなく，身体と結びついているかぎりでは「機会という仕方で」身体という質料に依存しているが，根本的には「個体化された存在(エッセ)」だ，というのがトマスの立場なのである[87]。質料が個体化の根源であるという個体化の理論をたてに，トマスは個人の尊厳を軽視したと批判する論者は，トマスのこの小著作を一読する労をとるべきであろう。

V　結語──「存在そのもの(エッセ)」である神

トマスは本書最終章の第 6 章を次の言葉でしめくくっている。

> 「それゆえ，本質はいかなる仕方で諸実体および諸付帯性のうちに在るか，またいかなる仕方で諸複合実体および諸単純実体のうちに在るか，そしてこれらすべてのものにおいて論理学の諸普遍的概念がどのように見出されるかは以上であきらかであるが，それの単純性のゆえに類あるいは種という本質側面(ラチオ)，したがってまた定義もそれには適合しないところの，単純性の終極に在る第一のものを除けばのことである。このものにおいてこの論説の終極と達成とがありますように。アーメン。」

ここでトマスが「単純性の終極に在る第一のもの」(primum quod est in fine simplicitatis) と言うのは，これまで繰返し言及してきた，いかなる可能態との複合も含まない，あらゆる仕方での単純性をもつ，第一の純粋現実態としての神である。ところで，トマスは本書では純粋現実態としての神について「存在のみ」(esse tantum)，あるいは「それの本質がそれの存在それ自身であるもの」[88] (cujus essentia est ipsummet suum esse) などの言い方をしているが，彼の

---

86) *Ibid.*, C. 5.
87) *Ibid.*
88) *Ibid.*

「存在(エッセ)」理解にたいしてわれわれの目を大きく開いてくれるのは，トマスが本書第5章の冒頭で『原因論』第9命題の註釈[89]の言葉として引照している「ただ存在のみである第一原因の個体化はそれ自身の純粋な善性（bonitas pura）によってである」というテキストである。トマス自身，後に著作した『原因論註解』のなかでもこのテキストについて詳しく解説しており[90]，それに大きな重要性を認めていたことは明白である。このテキストの重要性は，トマスが『神学大全』第三部「キリスト論」で[91]，プロクロスの言葉と全く同じ思想を表明するディオニュシオス・アレオパギテスの「神の本性は善性である」[92]というテキストを，自らの議論の中心に置いていることからも推察できる。神の本性ないし本質とは「存在(エッセ)そのもの」であるから，トマスの「エッセ」理解の鍵の一つは神の本性とされる善性（bonitas）をどのように理解するかにかかっていることになる。

　トマスは本書では，われわれの「存在」理解の核心である「存在(エッセ)」はわれわれによってどのようにして捉えられるのか，また「存在(エッセ)を持つ」（esse habens）という時の「持つ」，「存在そのもの」の側からいえば「存在(エッセ)を与える」と言うときの「与える」はどのように理解したらよいのか，などの問題は論じていない。これらの問題は本書に続く諸著作においてそれぞれ詳細に考察されており，それらを順次分析することによってトマスの「存在(エッセ)」理解の輪郭をよりあきらかにすることはこの後の研究の課題である[93]。

---

89) 「註釈」（Commentum）とは，『原因論』のそれぞれの命題の第一節を除く他の諸節を指す。
90) *Super Librum De Causis Expositio*, Ed. V. M. Pouliot; K. Oshika, Kyoto, 1967. P. 57-66.
91) *S. T.*, III, 1, 1.
92) Dionysius Areopagites, *De Divinis Nominibus*. 5, PL 3, 593-594.
93) トマスの「エッセ」については註25で言及した研究のほか，山田晶『トマス・アクィナスの《エッセ》研究』創文社，1978年，矢玉俊彦『判断と存在』晃洋書房，1998年，などの優れた研究がある。

在るものと本質について

De ente et essentia

PROLOGUS

(1) Quia parvus error in principio magnus est in fine, secundum philosophum in I caeli et mundi, ens autem et essentia sunt quae primo intellectu concipiuntur[1], ut dicit Avicenna in principio suae metaphysicae, ideo ne ex eorum ignorantia errare contingat, ad horum difficultatem aperiendam dicendum est quid nomine essentiae et entis significetur et quomodo in diversis inveniatur et quomodo se habeat ad intentiones logicas, scilicet genus, speciem et differentiam.

(2) Quia vero ex compositis simplicium cognitionem accipere debemus et ex posterioribus in priora devenire, ut, a facilioribus incipientes, convenientior fiat disciplina[2], ideo ex significatione entis ad significationem essentiae procedendum est.

序　言

(1)　アリストテレス[1]が『天体論』第1巻[2]で言うところによると，始源(はじめ)における小さな誤りは終りには大きな誤りとなるものであるが，アヴィセンナ[3]がその『形而上学』の始めのところで述べているように[4]，知性によって最初に捉えられるのは在るものと本質であるから，それら（在るものと本質）についての無知からして誤りに落ちることのないよう，それらに関する難点をあかるみに出すためには次のことを述べなければならない。本質および在るものという名称によって何が意味表示されているのか，それ（本質）はいかなる仕方で様々のもののうちに見出されるのか，またそれはいかなる仕方で諸々の論理学的概念，すなわち，類，種および種差に関係づけられているのか。

(2)　まことに，われわれはより容易な事柄から始めることで学習がより適当に進められるように，複合的な事物から諸々の単純なものの認識を受けとり，より後なる事柄からより先なる事柄[5]へと進まなければならないのであるから，在るものの意味から本質の意味へと論を進めなければならない。

---

1)　Philosophus「哲学者」と単数で呼ばれる時はアリストテレス Aristoteles（384-322 B. C.）を指す。
2)　*De Caelo*, 271 b8-13.
3)　Avicenna〔Ibn Sīnā〕（980-1037）東方イスラム世界で活躍し，偉大な知的総合を達成した思想家。
4)　*Metaphysica*, I, 6.
5)　「より後なる事柄」posteriora と「より先なる事柄」priora との区別には，無条件的 simpliciter あるいは自然本性に即して secundum naturam のものと，われわれに関する限りにおいて quoad nos のものとの2種類があり，ここでは前者の意味で語られている。

CAPITULUM I

(1) Sciendum est igitur quod, sicut in V metaphysicae philosophus dicit, ens per se dicitur dupliciter, uno modo quod dividitur per decem genera[3], alio modo quod significat propositionum veritatem. Horum autem differentia est quia secundo modo potest dici ens omne illud, de quo affirmativa propositio formari potest, etiam si illud in re nihil ponat. Per quem modum privationes et negationes entia dicuntur; dicimus enim quod affirmatio est opposita negationi et quod caecitas est in oculo. Sed primo modo non potest dici ens nisi quod aliquid in re ponit. Unde primo modo caecitas et huiusmodi non sunt entia.

(2) Nomen igitur essentiae non sumitur ab ente secundo modo dicto, aliqua enim hoc modo dicuntur entia, quae essentiam non habent, ut patet in privationibus; sed sumitur essentia ab ente primo modo dicto. Unde Commentator in eodem loco dicit quod ens primo modo dictum est quod significat essentiam rei. Et quia, ut dictum est, ens hoc modo dictum dividitur per decem genera, oportet quod essentia significet aliquid commune omnibus naturis, per quas diversa entia in diversis generibus et speciebus collocantur, sicut humanitas est essentia hominis, et sic de aliis.

第 1 章

(1) そのようなわけで，アリストテレスが『形而上学』第 5 巻[1]で述べているように，「在るもの」はそれ自体，二つの仕方で語られることを知っておかなければならない。その一つは，10個の類[2] genera によって区分されるところのものであり，もう一つは命題の真理を表示するところのものである。ところで，これら二つのものの違いは次の通りである。第二の仕方では，それについて肯定的命題が形成されうるものは，たとえそのものが実在のうちに何ものも措定しなくとも，すべて「在るもの」と呼ばれうる——つまり，この仕方によると諸々の欠如や否定[3]も「在るもの」と呼ばれうる，というのも，われわれは，肯定は否定に対立するもので「ある」，また盲目は目のうちに「在る」と言明するからである。しかし，第一の仕方では何ものかを実在のうちに措定するところのものでなければ在るものとは呼ばれえない。ここからして，第一の仕方では，盲目とかその種のものは在るものではない。

(2) したがって本質という名称は第二の仕方で言われた在るものから取ってきたものではない。というのも，諸々の欠如的なものにおいてあきらかなように，本質を有しない在るものがこの仕方では在るものと呼ばれているからである。そうではなく，本質は第一の仕方で言われた在るものから取ってきたものである。ここからして，アヴェロエス[4]は同じ箇所で[5]，第一の仕方で言われた在るものが事物の本質を表示するところのものである，と述べている。そして，前述のように，この仕方で言われる在るものは10個の類によって分割されているのであるから，たとえば人間性が人間の本質であり，他

---

1) *Metaphysica*, 1017 a22-35.
2) ここでいう「類」とはカテゴリーと呼ばれる最高の類のことである。
3) 「欠如」と「否定」は，通常，「否定」が或るものの単なる不在——たとえば沈黙は音の不在——であるのにたいして，欠如は在るべきものの不在——たとえば盲目は視力の欠如——として区別される。
4) 「註釈家」Commentator の称号を与えられていたのは，12世紀西方イスラム世界で活躍した哲学者・神学者・法学者 Averroes〔Ibn Rushd〕(1126-1198) である。
5) *In Aristotelis Metaphysicam* V, Comm. 14.

(3) Et quia illud, per quod res constituitur in proprio genere vel specie, est hoc quod significatur per diffinitionem indicantem quid est res, inde est quod nomen essentiae a philosophis in nomen quiditatis mutatur. Et hoc est quod philosophus frequenter nominat quod quid erat esse[4], id est hoc per quod aliquid habet esse quid. Dicitur etiam forma secundum quod per formam significatur certitudo uniuscuiusque rei, ut dicit Avicenna in II metaphysicae suae. Hoc etiam alio nomine natura dicitur accipiendo naturam secundum primum modum illorum quattuor, quos Boethius in libro de duabus naturis assignat, secundum scilicet quod natura dicitur omne illud quod intellectu quoquo modo capi potest. Non enim res est intelligibilis nisi per diffinitionem et essentiam suam. Et sic etiam philosophus dicit in V metaphysicae quod omnis substantia est natura. Tamen nomen naturae hoc modo sumptae videtur significare essentiam rei, secundum quod habet ordinem ad propriam operationem rei, cum nulla res propria operatione destituatur. Quiditatis vero nomen sumitur ex hoc, quod per diffinitionem significatur. Sed essentia dicitur secundum quod per eam et in ea ens habet esse.

の事物についてもそうであるように，それらによって様々の在るものが様々の類と種のうちに位置づけられるところのすべての自然本性に共通的な或るもの，そのものを本質は表示するのでなければならない。

(3)　そして，事物がそれによって固有の類もしくは種のうちに確立されるのは，事物が何であるかを指示する定義によって表示されるところのものであるから，本質という名称は哲学者たち[6]によって何性という名称へと改変されているのである。そして，このものがまた，アリストテレスが屡々「何かであったところのもの」[7]，つまり，「それによって或るものが何かであることを有するところのもの」と名付けているものである。またそれは，形相[8]とも呼ばれるが，そのことはアヴィセンナがその『形而上学』第2巻[9]で述べているように，形相によって各々の事物の確実な規定[10]が言いあらわされることにもとづいている。さらにそれは，本性という他の名称で呼ばれているが，そのことはボエティウス[11]が『二つの本性について』[12]において指摘している（本性を理解する）四つの仕方のうち，第一の仕方で本性を理解した上でのことである。すなわち，それは知性によって何らかの仕方で捉えられうるすべてのものが本性と呼ばれるかぎりにおいてである。というのも事物はそれの定義および本質を通じてでなければ可知的ではないからである。またこのようなわけで，アリストテレスも『形而上学』第5巻において[13]，

---

6)　「哲学者たち」と複数で呼ばれているのは，当時の慣習では，キリスト信者ではない思想家で，その見解が傾聴に値すると評価されていた一群の人々。

7)　τὺ τί ἦν εἶναι「もののなにであるか」（出 隆訳）*Posteriora Analytica* 82 b38; *Metaphysica* 1028 b34; *De Anima* 430 b28.

8)　ここで「形相」は「質料」materia にたいして言われる「形相」ではなく，本質全体を指示している。

9)　*Metaphysica*, II, 2.

10)　certitudo というラテン語は事物の認識が完全な明確さに達した段階を指すのに用いられることが多いが，ここでは事物そのものの完全な規定を指すのに用いられている。

11)　Boethius, Anicius Manlius Severinus（480-524）『哲学の慰め』*De Consolatione Philosophiae* の著者として有名であるが，神学的著作，ギリシア哲学のラテン世界への紹介などの仕事を通じ後世に大きな影響を与えた。

12)　*Liber de Persona et Duabus Naturis* の書名で中世では知られていたが，原名は *Contra Eutychen et Nestorium* I, PL 64 1341.

13)　*Metaphysica*, 1014 b35.

(4) Sed quia ens absolute et per prius dicitur de substantiis et per posterius et quasi secundum quid de accidentibus, inde est quod essentia proprie et vere est in substantiis, sed in accidentibus est quodammodo et secundum quid. Substantiarum vero quaedam sunt simplices et quaedam compositae, et in utrisque est essentia, sed in simplicibus veriori et nobiliori modo, secundum quod etiam esse nobilius habent. Sunt enim causa eorum quae composita sunt, ad minus substantia prima simplex, quae Deus est. Sed quia illarum substantiarum essentiae sunt nobis magis occultae, ideo ab essentiis substantiarum compositarum incipiendum est, ut a facilioribus convenientior fiat disciplina.

すべての実体は本性である，と述べているのである。ところで，このような仕方で受容された本性という名称は，事物に固有な働きへと秩序づけられているかぎりでの事物の本質を表示しているように思われる。なぜなら，いかなる事物も固有の働きを欠いてはいないからである。これにたいして，何性という名称は定義によって表示されているところのものから取って来られたものである。しかし，それが 本 質(エッセンティア)と呼ばれるのは，在るものはそれを通じて，またそれにおいて存在(エッセ)を有することにもとづいてである。

⑷　ところで，「在るもの」と無条件的[14]およびより先なる仕方で言われるのは諸々の実体についてであり，諸々の付帯性についてはより後なる仕方で，また限られた意味で[15]言われるのであるから[5]，ここからして「本質」もまた本来的かつ真実の意味では諸々の実体のうちにあり，諸々の付帯性のうちには或る仕方で，また限られた意味においてある，ということになる。ところで，諸々の実体のうち或るものは単純であり，或るものは複合的であるが，そのいずれにも本質はある。しかし，（本質は）単純な諸実体のうちには，それらがより高貴な[16]存在(エッセ)をも有することにもとづいて，より真実でより高貴な仕方においてある。というのも，それらは複合的であるところの諸実体の原因[17]だからである――すくなくとも，神であるところの第１の単純実体はそうであるからである。しかし，これら（単純な）諸実体の本質はわれわれにとってはより秘められたものであるから，より容易な事柄から（始めることで）学習がより適当なものとなるように，諸々の複合的実体の本質から始めるべきである。

　　14）　absolute は「絶対的に」と訳されることが多いが，本来は ab-solutus つまり，他のものから分離されて，それ自体として考察されることを意味する。「端的に」simpliciter とほとんど同じ意味である。
　　15）　secundum quid は absolute や simpliciter と対立的な意味で用いられる言葉である。
　　16）　存在(エッセ)が「より高貴」nobilius であるとは，存在のより高次の段階に位置づけられることであり，存在の第一根源により近接的であることを意味する。
　　17）　単純実体が複合実体よりもより高貴な存在を有することの理由として，前者は後者の「原因」causa である，と言われていることは，トマスの（われわれにとっては「未知の国」となった）「存在(エッセ)」理解および「原因」理解にもとづくものである。

CAPITULUM II

(1) In substantiis igitur compositis forma et materia nota est, ut in homine anima et corpus. Non autem potest dici quod alterum eorum tantum essentia esse dicatur. Quod enim materia sola non sit essentia rei planum est, quia res per essentiam suam et cognoscibilis est et in specie ordinatur vel genere. Sed materia neque cognitionis principium est, neque secundum eam aliquid ad genus vel speciem determinatur, sed secundum id quod aliquid actu est. Neque etiam forma tantum essentia substantiae compositae dici potest, quamvis hoc quidam asserere conentur. Ex his enim quae dicta sunt patet quod essentia est illud, quod per diffinitionem rei significatur. Diffinitio autem substantiarum naturalium non tantum formam continet, sed etiam materiam; aliter enim diffinitiones naturales et mathematicae non differrent. Nec potest dici quod materia in diffinitione substantiae naturalis ponatur sicut additum essentiae eius vel ens extra essentiam eius, quia hic modus diffinitionis proprius est accidentibus, quae perfectam essentiam non habent. Unde oportet quod in diffinitione sua subiectum recipiant, quod est extra genus eorum. Patet ergo quod essentia comprehendit materiam et formam.

(2) Non autem potest dici quod essentia significet relationem, quae est inter materiam et formam vel aliquid superadditum ipsis, quia hoc de necessitate esset accidens et extraneum a re nec per eam res cognosceretur, quae omnia essentiae conveniunt. Per formam enim, quae est actus materiae, materia efficitur ens actu et hoc aliquid. Unde

第2章

⑴　したがって，諸々の複合実体のうちには，人間における霊魂と身体のように，形相と質料[6]が見出されるのだが，それらの一方のみが本質であると言われる，という言い方はできない。というのも，質料のみが事物の本質ではないことは明白だからであって，なぜなら事物はその本質によって認識されうるものでもあり，また種あるいは類において秩序づけられるのであるが，質料は認識を成立させる根源でもないし[1]，また質料にもとづいて或るものが類もしくは種へと確定されるのでもなく，むしろそうしたことは現実的に在る或るものにもとづいて為されるからである。さらに，形相だけで複合的実体の本質と呼ばれることもできない——そのことを或る論者たち[2]は主張しようと試みたのであるが。それというのも，既述のことから[3]本質とは事物の定義によって表示されるものであることがあきらかだからである。ところが自然的な[4]諸実体の定義は形相のみをふくむのではなく，質料もふくむのであって，そうでなかったら自然学的な定義と数学的な定義とは何ら違わないものになってしまうからである。また，自然的な実体の定義における質料はそれの本質に付加されたものとして，もしくはそれの本質の外に在るものとして措定されている，と言うこともできない。なぜなら，このような定義の仕方は，完全な本質を有しない諸々の付帯性に固有なものだからである。このことのゆえに，諸々の付帯性は自らの定義のうちに，彼らの類の外に在るところの基体を取り入れなければならないのである。それゆえ，本質が形相と質料をふくむものであることはあきらかである。

⑵　しかし，本質は質料と形相との間にある関係，あるいはそれらに付加さ

　　1）　ここで「質料」と言われているのは純粋な可能態としての第一質料である。
　　2）　トマスが名前を特定せず，「或る論者たち」と複数で指すのは同世代か，比較的近い前世代の大学教師(マギステル)たちである。ここではアヴェロエス説に従う学者たちが考えられている。
　　3）　第1章を参照。
　　4）　naturalis を「自然的」と記したが，厳密には自然学 physica の対象としての自然界を指している。

illud quod superadvenit non dat esse actu simpliciter materiae, sed esse actu tale, sicut etiam accidentia faciunt, ut albedo facit actu album. Unde et quando talis forma acquiritur, non dicitur generari simpliciter, sed secundum quid.

(3) Relinquitur ergo quod nomen essentiae in substantiis compositis significat id quod ex materia et forma compositum est. Et huic consonat verbum Boethii in commento praedicamentorum, ubi dicit quod usia significat compositum. Usia enim apud Graecos idem est quod essentia apud nos, ut ipsemet dicit in libro de duabus naturis. Avicenna etiam dicit quod quiditas substantiarum compositarum est ipsa compositio formae et materiae. Commentator etiam dicit super VII metaphysicae: natura quam habent species in rebus generabilibus est aliquod medium, id est compositum ex materia et forma. Huic etiam ratio concordat, quia esse substantiae compositae non est tantum formae nec tantum materiae, sed ipsius compositi. Essentia autem est secundum quam res esse dicitur. Unde oportet quod essentia, qua res denominatur ens, non tantum sit forma neque tantum materia, sed utrumque, quamvis huiusmodi esse suo modo sola forma sit causa. Sic enim in aliis videmus, quae ex pluribus principiis constituuntur, quod res non denominatur ex altero illorum

れた或るものを表示する，と言うことはできない。なぜならこのようなもの[5]は必然的に付帯性であり，事物にとって外的なものであろうし，またそれによって事物が認識されることはないからである。これらのこと[6]のすべては本質に適合するものではない[7]。というのも，質料の現実態であるところの形相によって，質料は現実的に在るもの，そしてこの或るもの[8]たらしめられるからである。ここからして，それにさらに付加されるものは，質料に端的な意味で現実に存在(エッセ)を与えるのではなく，諸々の付帯性もそうするように，現実にかくかくの存在(エッセ)を与えるのである。たとえば，白さが或るものを現実に白いものとするように。ここからしてまた，このような形相が取得されるときには，何かが端的な意味で生成するとは言われず，むしろ限定された意味で生成する，と言われるのである。

(3) それゆえに，残る結論は複合的実体における本質という名称は質料と形相から複合されたものを表示する，というものである。そして，『カテゴリー論註解』[9]におけるボエティウスの言葉はこれと合致する。彼はそこで「ウシア」は複合体を表示すると言っているが，それというのも彼自身が『二つの本性について』において述べているように[10]，ギリシア人の間で「ウシア」と言われるものはわれわれの間で「本質」と言われるものと同じだからである。アヴィセンナも諸々の複合的実体の何性は形相と質料との複合そのものである，と述べている[11]。さらにアヴェロエスも『形而上学』第7巻の註解で「諸々の種が生成可能な事物において有している本性は或る中間的なもの，すなわち質料と形相から複合されたものである」[12]と述べている。またこの見解は理性とも合致するものであり[13]，なぜなら複合的実体

---

5) 付加されたもの。
6) 前述の，質料は本質に付加されたもの，本質の外にあるもの，また本質は（質料と形相との）関係ないし（質料と形相に）付加されたものである，などの言明。
7) conveniunt の前に non を補って読む。
8) すなわち，何らかの本質を有するもの。
9) *In Categorias Aristotelis* I, De Substantia, PL 64, 184.
10) *De Persona et Duabus Naturis* 3, PL 64, 1344.
11) *Metaphysica* V, 5.
12) *In Aristotelis Metaphysicam* VII, Comm. 27.

principiorum tantum, sed ab eo, quod utrumque complectitur, ut patet in saporibus, quia ex actione calidi digerentis humidum causatur dulcedo, et quamvis hoc modo calor sit causa dulcedinis, non tamen denominatur corpus dulce a calore, sed a sapore qui calidum et humidum complectitur.

(4) Sed quia individuationis principium materia est, ex hoc forte videtur sequi quod essentia, quae materiam in se complectitur simul et formam, sit tantum particularis et non universalis. Ex quo sequeretur quod universalia diffinitionem non haberent, si essentia est id quod per diffinitionem significatur. Et ideo sciendum est quod materia non quolibet modo accepta est individuationis principium, sed solum materia signata. Et dico materiam signatam, quae sub determinatis dimensionibus consideratur. Haec autem materia in diffinitione hominis, in quantum est homo, non ponitur, sed poneretur in diffinitione Socratis, si Socrates diffinitionem haberet. In diffinitione autem hominis ponitur materia non signata; non enim in diffinitione hominis ponitur hoc os et haec caro, sed os et caro absolute, quae sunt materia hominis non signata.

の存在(エッセ)はたんに形相のみのものでも質料のみのものでもなく，複合体そのものに属するものであるが，本質とはそれにもとづいて事物が存在(エッセ)すると言われるものだからである[14]。ここからして，それによって事物が「在るもの」と名付けられる本質[15]は形相のみでも，質料のみでもなく，それら両者でなければならない——ただし，形相のみがそれ自身の仕方でこのような存在(エッセ)の原因なのであるが。というのも，複数の根源からして構成されている他の諸事物において，事物はそれら諸根源のうちの一方だけによって名付けられるのではなく，それら両者を含むところのものによって名付けられるのをわれわれは見るからである。それはたとえば諸々の味(あじ)の場合にあきらかである。なぜなら，甘味は湿気を分解する熱の働きによって生ぜしめられるが，このような仕方で熱が甘味の原因であるにもかかわらず，ある物体は熱からして甘いと名付けられるのではなく，熱と湿気とをふくむ味からして甘いと名付けられるからである。

(4) しかし，質料は個体化の根源[16][7]であるから，そのことからして，自らのうちに形相と一緒に質料を含んでいる本質は，たんに特殊的であって普遍的ではない，という帰結がおそらくは生じるように思われるかもしれない。そこからして，もし本質が定義によって表示されるところのものであるのなら，諸々の普遍的なものは定義を有しないことになる，という（誤った）帰結が生じるであろう。そうであるから，どのような仕方で解された場合でも質料は個体化の根源であるというのではなく，指定された質料[17]のみがそうであることを知っていなければならない。そして私が指定された質料と言

---

13) この表現は，或る見解が権威による裏付けを別にしても十分に根拠を有するときに，トマスが用いる慣用句である。
14) 第1章を参照。
15) 本質とはそれによって事物が「存在(エッセ)」するものと言われるものであるから，事物が「在るもの」，つまり「存在を有するもの」(halens esse)と名付けられるのも本質によるのでなければならない。
16) 「個体化の根源」とは，それによって，同一の種に属する複数のもののうちの一つが，他のすべてのものから異なったものたらしめられる根源を指す。トマスは，質料と形相から複合されている諸々の実体の領域における個体化の根源は質料であるとの立場をとった。
17) 「指定された」の意味はトマス自身がこのあと説明しているが，別の箇所では微妙に違う用語を用いて説明しており，論争の対象となった。

(5) Sic ergo patet quod essentia hominis et essentia Socratis non differunt nisi secundum signatum et non signatum. Unde Commentator dicit super VII metaphysicae: Socrates nihil aliud est quam animalitas et rationalitas, quae sunt quiditas eius. Sic etiam essentia generis et speciei secundum signatum et non signatum differunt, quamvis alius modus designationis sit utrobique, quia designatio individui respectu speciei est per materiam determinatam dimensionibus, designatio autem speciei respectu generis est per differentiam constitutivam, quae ex forma rei sumitur. Haec autem determinatio vel designatio, quae est in specie respectu generis, non est per aliquid in essentia speciei exsistens, quod nullo modo in essentia generis sit, immo quicquid est in specie, est etiam in genere ut non determinatum. Si enim animal non esset totum quod est homo, sed pars eius, non praedicaretur de eo, cum nulla pars integralis de suo toto praedicetur.

うのは[18]，確定された諸次元[19]のもとで考察された質料のことである。だが，この質料は人間であるかぎりでの人間についての定義においては措定されていないのであって，むしろソクラテスの定義——かりにソクラテスが定義を持つとしたら[20]——において措定されることになろう。これにたいして，人間の定義においては指定されない質料が措定されるのであって，それというのも人間の定義においてはこの骨やこの肉ではなくて，端的な仕方で骨と肉が措定されるのであり，それらは人間の指定されない質料なのである。

(5) それゆえ，人間の本質とソクラテスの本質とは，指定されたものと指定されないものという点を別にすれば，異なってはいないことはあきらかである。ここからして，アヴェロエスは『形而上学』第7巻の註解において，「ソクラテスは彼の何性であるところの，動物性と理性・性にほかならない」[21]と述べている。さらにまた類と種との本質も指定されたものと指定されないものという点で異なったものであり，ただしこれら両者の場合，指定の仕方は違っている。なぜなら，種との関係で個体が指定されるのは諸次元において確定された質料によるのにたいして，類との関係における種の指定は事物の形相から取ってこられる種差[22]によるからである。ところで，類との関係において種のうちにあるところの確定ないし指定は，種の本質のうちにはあるが，類の本質のうちにはけっしてないような或るものによるのではない。そうではなく，種のうちにあるものは何であれ，確定されないものとして類のうちにもあるのである。というのも，動物が人間であるところの全体ではなくてそれの部分であったならば，それは人間について述語されなかったであろうからである。というのも，いかなる構成的部分[23]もそれの全

---

18) トマスがその著作のなかで「私は言う」dicoと一人称単数で言明するのは極めて稀であり，そこでは熟考を重ねた上での彼自身の立場が語られていることに注意しなければならない。
19) 物体は「三次元的」と言う場合の次元。
20) 言うまでもなく，厳密な意味でのソクラテスの定義というものはありえない。
21) *In Aristotelis Metaphysicam* VII, Comm. 20.
22) 原文は differentia constitutiva であるが，constitutiva は「種を成立させ・構成する」という意味で補われたものであり，「種的」specialis と同じ意味であると思われるので，このように訳した。

(6) Hoc autem quomodo contingat videri poterit, si inspiciatur qualiter differt corpus secundum quod ponitur pars animalis et secundum quod ponitur genus. Non enim potest eo modo esse genus, quo est pars integralis. Hoc igitur nomen quod est corpus multipliciter accipi potest. Corpus enim, secundum quod est in genere substantiae, dicitur ex eo quod habet talem naturam, ut in eo possint designari tres dimensiones; ipsae enim tres dimensiones designatae sunt corpus, quod est in genere quantitatis. Contingit autem in rebus, ut quod habet unam perfectionem ad ulteriorem etiam perfectionem pertingat, sicut patet in homine, qui et naturam sensitivam habet et ulterius intellectivam. Similiter etiam et super hanc perfectionem, quae est habere talem formam, ut in ea possint tres dimensiones designari, potest alia perfectio adiungi, ut vita vel aliquid huiusmodi. Potest ergo hoc nomen corpus significare rem quandam, quae habet talem formam, ex qua sequitur in ipsa designabilitas trium dimensionum cum praecisione, ut scilicet ex illa forma nulla ulterior perfectio sequatur; sed si quid aliud superadditur, sit praeter significationem corporis sic dicti. Et hoc modo corpus erit integralis et materialis pars animalis, quia sic anima erit praeter id quod significatum est nomine corporis et erit superveniens ipsi corpori, ita quod ex ipsis duobus, scilicet anima et corpore, sicut ex partibus constituetur animal.

体について述語されることなどありえないからである[24]。

(6) ではどうしてそうなるのかは，動物の部分として措定されるかぎりでの体(コルプス)（身体）と類として措定されるかぎりでの体（物体）とがどのように違うかを調べたならば，見てとることができるであろう。というのは，体はそれが（動物の）構成的部分であるのと同じ仕方で類であることはできないからである。したがって，体(コルプス)というこの名称は多くの意味で解することができる。というのは，実体の類(カテゴリー)のうちにあるかぎりにおいての体(コルプス)は，自らのうちに三つの次元が指定されうるような本性を有することからして名付けられる。というのも，指定された三つの次元自体は量の類(カテゴリー)に属する体(コルプス)だからである。ところが，諸々の事物においては一つの完全性を有するものがその上の完全性にも到達するということが起こる。それは人間の場合にあきらかなことであって，人間は感覚的な本性をも有するし，その上に知性的な本性をも有する。同様にまた，（体(コルプス)の場合）自らのうちに三つの次元が指定されうるような形相を持つというこの完全性を超えて，生命あるいはそうした種類の或るものという他の完全性が付加されることが可能なのである。それであるから，体(コルプス)というこの名称は，それからして自らのうちに三つの次元の指定可能性が生じてくるような形相を有するところの何らかの事物を，捨象的に[25]表示することが可能である。（捨象的にとは）すなわちその形相からは

---

23) トマスは「部分」の概念を次の三つに区分する。たとえば，壁，屋根，土台などは家という全体を構成する構成的部分 pars integralis，牛やライオンは動物という（論理的）上位の全体に属し，したがってそれらを主語とし，全体を述語とする命題が形成される主語的部分 pars subjectiva，栄養的部分や感覚的部分は霊魂という全体のちからを完全にではなく，不完全に分有しているかぎりにおいて，それらは可能的部分 pars potentialis と呼ばれる。S. T., II-II, 48, 1.

24) ここでのトマスの議論には納得しない人が多いかもしれない。たしかにわれわれは「壁は家である」と同じ意味で「人間は動物である」とは言わない。しかし，われわれは必ずしも「動物」は「人間であるところの全体」であると理解した上で，「人間は動物である」と言明しているのではない。むしろ「人間」は「動物」という概念の外延 extension に含まれるとの意味でそのように言明しているのであり，そこにトマスの立場との重大な違いが認められる。

25)「捨象的に」とは，知性が或る観念，たとえば「体(コルプス)」の観念から或ることを明白に除外することであり，これと混同され易い「抽象的に」から明確に区別する必要がある。「抽象」abstractio とは或るものを，それと現実に結びついているかもしれない他の物事を取り込むことも除外することもなく，単純に考察する知性の働きである。

(7) Potest etiam hoc nomen corpus hoc modo accipi, ut significet rem quandam, quae habet talem formam, ex qua tres dimensiones possunt in ea designari, quaecumque forma sit illa, sive ex ea possit provenire aliqua ulterior perfectio sive non. Et hoc modo corpus erit genus animalis, quia in animali nihil est accipere quod non implicite in corpore continetur. Non enim anima est alia forma ab illa, per quam in re illa poterant designari tres dimensiones; et ideo, cum dicebatur quod corpus est quod habet talem formam, ex qua possunt designari tres dimensiones in eo, intelligebatur: quaecumque forma esset, sive animalitas sive lapideitas sive quaecumque alia. Et sic forma animalis implicite in forma corporis continetur, prout corpus est genus eius.

(8) Et talis est etiam habitudo animalis ad hominem. Si enim animal nominaret tantum rem quandam, quae habet talem perfectionem, ut possit sentire et moveri per principium in ipso existens cum praecisione alterius perfectionis, tunc quaecumque alia perfectio ulterior superveniret, haberet se ad animal per modum partis et non sicut implicite contenta in ratione animalis, et sic animal non esset

何のより上なる完全性も生じてこないような仕方で，ということであり，もし何か他のものが付け加えられるとしたら，それはここでいう体（コルプス）の意味の外にあることになるであろう。そして，体（コルプス）はこのような仕方で動物の構成的で質料的な部分となるであろう。なぜなら，この場合には霊魂は体（コルプス）という名称で表示されたものの外に在ることになり，そしてこれら二つのもの，すなわち霊魂と体（コルプス）という二つの部分から動物が構成されるという仕方で，霊魂は当の体（コルプス）に外から付け加えられることになるであろうからである。

(7) さらにまた，体（コルプス）というこの名称は，次のような形相，すなわちそれからして或るさらに上位の完全性が到来しうるか否かには関わりなく，その形相からして事物のうちに三つの次元が指定されうるような，そうした形相を有する何らかの事物を表示する，という仕方で理解することが可能である[8]。そして，この意味での体（コルプス）は動物の類であることになろう[26]。なぜなら，動物においては体（コルプス）のうちに暗黙的に含意されていなかったような何ものも理解すべきではないからである。というのも，霊魂は，それによって当の事物のうちに三つの次元が指示されえたあの形相とは別の形相ではないからである[27]。したがって，「体（コルプス）とは，それからして自らのうちに三つの次元が指示されうるような，そうした形相を有するところのものである」と言われたとき，それは霊魂であろうと，石性であろうと，他のどんな形相であろうと，どんな形相についても妥当したのである[28]。そして，このような意味で動物の形相は，体（コルプス）がそれ（動物）の類であるような仕方で，体（コルプス）の形相のうちに暗黙的に含意されているのである。

(8) また，人間にたいする動物の関連もまたそのようなものである。というのも，もし動物が，他の完全性を捨象した上で，自らのうちに在る根源によ

---

26) すなわち，この意味での「体（コルプス）」は生命ある体（コルプス）としての「生物」という類よりも上位の類であり，当然ながら「生物」という類に下属する「動物」の類である。
27) なぜなら，この場合，霊魂という上位の完全性は「体（コルプス）」の形相のうちに暗黙的に含まれていて，それから排除されてはいないからである。
28) つまり，動物であろうと，石であろうと，三つの次元が指示されうるような形相を有するものであるかぎり「体（コルプス）」と呼ばれるのである。

genus; sed est genus secundum quod significat rem quandam, ex cuius forma potest provenire sensus et motus, quaecumque sit illa forma, sive sit anima sensibilis tantum sive sensibilis et rationalis simul.

(9) Sic ergo genus significat indeterminate totum id quod est in specie, non enim significat tantum materiam; similiter etiam differentia significat totum et non significat tantum formam; et etiam diffinitio significat totum, et etiam species. Sed tamen diversimode, quia genus significat totum ut quaedam denominatio determinans id quod est materiale in re sine determinatione propriae formae. Unde genus sumitur ex materia, quamvis non sit materia, ut patet quod corpus dicitur ex hoc quod habet talem perfectionem, ut possint in eo designari tres dimensiones; quae quidem perfectio est materialiter se habens ad ulteriorem perfectionem. Differentia vero e converso est sicut quaedam denominatio a forma determinate sumpta praeter hoc quod de primo intellectu eius sit materia determinata, ut patet, cum dicitur animatum, scilicet illud quod habet animam; non enim determinatur quid sit, utrum corpus vel aliquid aliud. Unde dicit Avicenna quod genus non intelligitur in differentia sicut pars essentiae eius, sed solum sicut ens extra essentiam, sicut etiam subiectum est de intellectu passionum. Et ideo etiam genus non praedicatur de differentia per se loquendo, ut dicit philosophus in III

って感覚し，動きうるような，そうした完全性を有するところの何らかの事物のみを名付ける名辞であるとしたら，その時にはそれに付け加わるであろう他のいかなるより上位の完全性も，動物にたいして，それと並ぶ部分として関係づけられ，動物の意味のうちに暗黙的に含意されたものとしてではないであろう。そして，この場合，動物は類ではないことになろう[29]。むしろ，動物はそれが次のような形相，すなわち感覚的霊魂のみであろうと，同時に感覚的で理性的であるような霊魂であろうと，とにかくどんな形相であろうと，それから感覚と運動が出て来ることができる形相を有する何らかのものを表示するかぎりにおいて類なのである。

(9)　このようなわけで，類は種のうちにあるところのものの全体を不確定なままに表示するのであり，質料のみを表示するのではない。同様にまた，種差も全体を表示するのであって，形相のみを表示するのではない。そしてまた定義，あるいは種もまた（質料と形相との）全体を表示するのである。しかし，とはいえ異なった仕方でそうするのである。なぜなら，類は全体を，（当の事物の）固有の形相を確定することなしに，事物のうちにある質料的なものを確定するところの何らかの名称として表示するからであり，ここからして類は質料であるのではないが，質料からして取られたものなのである。そのことは，体(コルプス)が名付けられるのはそれのうちに三つの次元が指定されうるような，そうした完全性を有することからしてであるが，その完全性はさらに上位の完全性にたいして質料にあたるものとして関係づけられていることからあきらかな通りである。他方，種差はそれとは逆に，それの最初の意味のうちには確定された質料をふくむことなしに，確定された形相からして取られた何らかの名称として（全体を表示するの）である。そのことは生命あるもの(アニマトゥム)（生物），すなわち霊魂(アニマ)を持つもの，と言われる場合にあきらかであって，それというのも，その場合，そう呼ばれたものが何であるのか，体(コルプス)であるのか，あるいは何か他のものであるのかは確定されていないからである。ここからして，アヴィセンナは，類は種差においてはその本質の部

---

29)　動物をこの意味に解するかぎり，「人間は動物である」とは決して言えない。

metaphysicae et in IV topicorum, nisi forte sicut subiectum praedicatur de passione. Sed diffinitio vel species comprehendit utrumque, scilicet determinatam materiam, quam designat nomen generis, et determinatam formam, quam designat nomen differentiae.

(10) Ex hoc patet ratio quare genus, species et differentia se habent proportionaliter ad materiam et formam et compositum in natura, quamvis non sint idem quod illa, quia neque genus est materia, sed a materia sumptum ut significans totum, neque differentia forma, sed a forma sumpta ut significans totum. Unde dicimus hominem esse animal rationale et non ex animali et rationali, sicut dicimus eum esse ex anima et corpore. Ex anima enim et corpore dicitur esse homo, sicut ex duabus rebus quaedam res tertia constituta, quae neutra illarum est. Homo enim neque est anima neque corpus. Sed si homo aliquo modo ex animali et rationali esse dicatur, non erit sicut res tertia ex duabus rebus, sed sicut intellectus tertius ex duobus intellectibus. Intellectus enim animalis est sine determinatione specialis formae, exprimens naturam rei ab eo quod est materiale respectu ultimae perfectionis. Intellectus autem huius differentiae rationalis consistit in determinatione formae specialis. Ex quibus duobus intellectibus constituitur intellectus speciei vel diffinitionis. Et ideo sicut res constituta ex aliquibus non recipit praedicationem earum rerum, ex quibus constituitur, ita nec intellectus recipit praedicationem eorum intellectuum, ex quibus constituitur. Non enim

分として理解されているのではなく，たんに本質の外に在るものとして理解されているのであって，それは基体が属性の理解内容に含まれる場合と同じである，と述べている[30]。したがって，アリストテレスが『形而上学』第3巻[31]および『トピカ』第4巻[32]で述べているように，本来的に言えば，おそらく基体が属性について述語されるような仕方でなければ，類が種差について述語されることはないのである[33]。しかし，定義もしくは種は，両者を，すなわち類の名称が指示するところの確定された質料，および種差の名称が指示するところの確定された形相とを含むのである。

⑽　それで，右に述べたところから，なぜ類，種，種差が，実在の世界における[34]質料，形相，および複合体と同一であるのではないが，それらの各々に対比的に関係づけられるかがあきらかである。なぜなら，類は質料ではないが，全体を表示するものとして質料から取られたものであり，種差も形相ではないが，全体を表示するものとして形相から取られたものだからである。ここからして，われわれは人間は理性的動物であると言うが，人間は霊魂と身体とからなる，と言うような仕方で，人間は動物と理性的とからなる，とは言わない。というのは，人間は霊魂と身体とからなる，と言われるのは，（それら）二つのものからそれらのいずれでもない何らかの第三のものが構成されるということなのであって，それというのも人間は霊魂でもなければ身体でもないからである。これにたいして，もし人間が或る意味で動物と理性的とからなる，と言われるのであれば，それは（これら）二つのものから第三のものが生じるというのではなく，むしろ二つの概念からして第三の概念が形成されるという仕方であろう。というのは，動物という概念は特定の形相を確定することなしに，（事物の）究極的な完全性との関係では質料的であるところのものからして，事物の本性を表現しているからである。これ

---

30)　*Metaphysica* V, 6.
31)　*Metaphysica* 998 b24.
32)　*Topica* 122 b20.
33)　たとえば「白いものは雪である」のような仕方では「理性的なものは動物である」と言える。
34)　原文では in natura とあるが，多くの場合 in rerum natura という表現が用いられる。

dicimus quod diffinitio sit genus aut differentia.

(11) Quamvis autem genus significet totam essentiam speciei, non tamen oportet ut diversarum specierum, quarum est idem genus, sit una essentia, quia unitas generis ex ipsa indeterminatione vel indifferentia procedit, non autem ita, quod illud quod significatur per genus sit una natura numero in diversis speciebus, cui superveniat res alia, quae sit differentia determinans ipsum, sicut forma determinat materiam, quae est una numero, sed quia genus significat aliquam formam, non tamen determinate hanc vel illam, quam determinate differentia exprimit, quae non est alia quam illa, quae indeterminate significabatur per genus. Et ideo dicit Commentator in XI metaphysicae quod materia prima dicitur una per remotionem omnium formarum, sed genus dicitur unum per communitatem formae significatae. Unde patet quod per additionem differentiae remota illa indeterminatione, quae erat causa unitatis generis, remanent species per essentiam diversae.

にたいして，理性的というこの種差の概念は特定の形相を確定することに存するのである。そしてこれら二つの概念からして種もしくは定義の概念が構成されるのである。したがって何らかの諸事物から構成されているものについて，そのものを構成しているところの諸事物が述語されることはないように[35]，（或る）概念について当の概念を構成するところの諸概念が述語されることもないのである。というのもわれわれは，定義は類もしくは種差である，とは言わないからである。

(11)　他方，類は種の本質全体を表示するとはいえ，同一の類に属するところの諸々の多様な種が一つの本質であるというのではない。なぜなら，類の一性は（そもそも）不確定性あるいは未決定性[36]そのものに由来するからである。しかし，類によって表示されているものは諸々の多様な種において数的に一つの本性であるのではない。つまり，それ（類）に，類を確定するところの種差であるところの他のものが，数的に一つである質料を形相が確定するような仕方で付加されるのではない。そうではなく，類は確定的にこの，もしくはあの形相としてではないが，或る形相を表示しているのであって，それを種差が確定的に表現しているのである。そして（種差が表現している）この形相は類によって不確定的に表示されていた形相と別のものではないのである。このゆえに，アヴェロエスは『形而上学』第11巻[37]において，第一質料はすべての諸形相が除去されていることによって一つと言われるが，類が一つであると言われるのは表示された形相の共通性によるものである，と註釈している[38]。ここからして，類の一性の原因であったところのこの不確定が，種差の付加によって除去されたならば，本質に関して多様であるところの諸々の種が残るであろうことはあきらかである。

---

35)　「人間は霊魂である」「人間は身体である」とは言わない。
36)　indifferentia は通常「無関心性」「中立性」と訳されるが，可能な選択肢のいずれにもコミットしないことである。
37)　この時期トマスが使用した『形而上学』ラテン語訳は第11巻を欠いていたので，実際は第12巻である。
38)　*In Aristotelis Metaphysicam* XII, Comm. 14.

(12) Et quia, ut dictum est, natura speciei est indeterminata respectu individui sicut natura generis respectu speciei, inde est quod sicut id quod est genus, prout praedicabatur de specie, implicabat in sua significatione, quamvis indistincte, totum quod determinate est in specie, ita etiam et id quod est species, secundum quod praedicatur de individuo, oportet quod significet totum id quod est essentialiter in individuo, licet indistincte. Et hoc modo essentia speciei significatur nomine hominis, unde homo de Socrate praedicatur. Si autem significetur natura speciei cum praecisione materiae designatae, quae est principium individuationis, sic se habebit per modum partis. Et hoc modo significatur nomine humanitatis; humanitas enim significat id unde homo est homo. Materia autem designata non est id unde homo est homo; et ita nullo modo continetur inter illa, ex quibus homo habet quod sit homo. Cum ergo humanitas in suo intellectu includat tantum ea, ex quibus homo habet quod sit homo, patet quod a significatione eius excluditur vel praeciditur materia designata. Et quia pars non praedicatur de toto, inde est quod humanitas nec de homine nec de Socrate praedicatur. Unde dicit Avicenna quod quiditas compositi non est ipsum compositum, cuius est quiditas, quamvis etiam ipsa quiditas sit composita, sicut humanitas, licet sit composita, non est homo, immo oportet quod sit recepta in aliquo quod est materia designata.

⑿　前述のように[39]，種の本性は，類の本性が種との関係で不確定であるような仕方で，個との関係で不確定なのであるから，そこからして種について述語されるかぎりでの類というものはその表示意味のうちに，不確定的にではあるが，種のうちに確定された仕方であるところの全体を含意していたのであり，そのようにまた個について述語されるかぎりでの種というものは，不確定的にであるとはいえ，個のうちに本質的にあるところの全体を表示するのでなければならない。そして，このような仕方で種の本性は人間という名称によって表示されるのであり，ここからして人間はソクラテスについて述語されるのである[40]。これにたいして，もし種の本性が個体化の根源であるところの指定された質料を捨象して表示されるのであれば，その場合にはそれは部分という在り方で機能することになろう。そして，人間性という名称によってはこの仕方で表示されるのである。というのも，人間性はそれによって人間が人間であるところのものを表示するからである。これにたいして，指定された質料はそれによって人間が人間であるところのものではなく，したがって，いかなる仕方においても，それらからして人間が人間であることが成立するところの事柄には含まれていない。それゆえ，人間性は自らの概念のうちに，それらからして人間が人間であることが成立するところのもののみを含むのであるから，それの表示意味から指定された質料が排除もしくは捨象されていることはあきらかである。そして，部分は全体については述語されないのであるから，人間性は人間についてもソクラテスについても述語されないという帰結が生じる[41]。ここからして，アヴィセンナは複合体の何性は，それが属するところの複合体そのものではない——何性そのものも複合的であるにもかかわらず——と述べている[42]。たとえば，人間性は複合的ではあるが[43]人間ではないのである。むしろ，それは指定された質料であるところの或るもののうちに受け取られるのでなければならないのである。

---

39)　参照。19ページ。
40)　なぜなら，この場合「人間」は，もし「ソクラテス」が定義されるとしたら，その定義がふくむところの全体を含んでいるからである。
41)　「人間は人間性である」とも「ソクラテスは人間性である」とも言えない。
42)　*Metaphysica* V, 5.
43)　「人間性」は「動物性」animalitas と「理性・性」rationalitas との複合である。

(13) Sed quia, ut dictum est, designatio speciei respectu generis est per formam, designatio autem individui respectu speciei est per materiam, ideo oportet ut nomen significans id, unde natura generis sumitur, cum praecisione formae determinatae perficientis speciem significet partem materialem totius, sicut corpus est pars materialis hominis. Nomen autem significans id, unde sumitur natura speciei cum praecisione materiae designatae, significat partem formalem. Et ideo humanitas significatur ut forma quaedam, et dicitur quod est forma totius, non quidem quasi superaddita partibus essentialibus, scilicet formae et materiae, sicut forma domus superadditur partibus integralibus eius, sed magis est forma, quae est totum scilicet formam complectens et materiam, tamen cum praecisione eorum, per quae nata est materia designari.

(14) Sic igitur patet quod essentiam hominis significat hoc nomen homo et hoc nomen humanitas, sed diversimode, ut dictum est, quia hoc nomen homo significat eam ut totum, in quantum scilicet non praecidit designationem materiae, sed implicite, continet eam et indistincte, sicut dictum est quod genus continet differentiam; et ideo praedicatur hoc nomen homo de individuis. Sed hoc nomen humanitas significat eam ut partem, quia non continet in significatione sua nisi id, quod est hominis in quantum est homo, et praecidit omnem designationem. Unde de individuis hominis non praedicatur. Et propter hoc etiam nomen essentiae quandoque invenitur praedicatum in re, dicimus enim Socratem esse essentiam quandam; et quandoque negatur, sicut dicimus quod essentia Socratis non est Socrates.

⒀　しかし，前述のように[44]，類との関係での種の指定は形相によってであり，これにたいして種との関係での個の指定は質料によるのであるから，そこからして類の本性が，種を完成するところの確定された形相を捨象しつつ取ってこられるところのものを表示する名称は，全体の質料的部分を表示するものでなければならない——それは体(コルプス)が人間の質料的部分であるように，である。これにたいして，そこからして種の本性が，指定された質料を捨象しつつ取ってこられるところのものを表示する名称は，（全体の）形相的部分を表示するものでなければならない。したがって，人間性は何らかの形相として表示されるのであり，全体の形相であると言われる。ただし，形相や質料という本質的諸部分にいわば付加された——たとえば，家の形相が家を構成する諸部分に付加されるように——ものとしてではない。むしろ，それは全体であるところの形相であり，それらによって質料が指定されうるような諸々のものを捨象しつつ，形相と質料とを含むところのものなのである。

⒁　このようなわけで，前述のように[45]，人間および人間性というこの名称は人間の本質を表示するが，違った仕方においてであることがあきらかである。なぜなら，人間というこの名称は人間の本質を全体として表示するからであり，それはすなわち，類が種差を含むと言われたように，質料の指定を捨象することなく，むしろ暗黙的および不確定にそれを含むかぎりにおいてである。このゆえに，人間というこの名称は諸々の個について述語されるのである。しかし，人間性というこの名称は人間の本質を部分として表示する，なぜならその意味のうちに人間であるかぎりでの人間であるものを含んでいて，すべての指定を捨象しているからである。ここからして（人間性は）人間の個々については述語されない。このことのゆえに，本質という名称は，時として事物について述語されることがある。というのも，われわれはソクラテスは（人間であるかぎり）何らかの本質である，と言うからである。また時として（そのことは）否定されるのであり，たとえばわれわれが，ソク

---

44)　参照。19ページ。
45)　参照。31ページ。

ラテスの本質はソクラテスではない[46]，と言う場合のようにである。

---

[46] ソクラテスの本質が「人間性」であるかぎりにおいて，それはソクラテスについては述語されない。

CAPITULUM III

(1) Viso igitur quid significetur nomine essentiae in substantiis compositis videndum est quomodo se habeat ad rationem generis, speciei et differentiae. Quia autem id, cui convenit ratio generis vel speciei vel differentiae, praedicatur de hoc singulari signato, impossibile est quod ratio universalis, scilicet generis vel speciei, conveniat essentiae secundum quod per modum partis significatur, ut nomine humanitatis vel animalitatis. Et ideo dicit Avicenna quod rationalitas non est differentia, sed differentiae principium; et eadem ratione humanitas non est species nec animalitas genus. Similiter etiam non potest dici quod ratio generis vel speciei conveniat essentiae, secundum quod est quaedam res exsistens extra singularia, ut Platonici ponebant, quia sic genus et species non praedicarentur de hoc individuo; non enim potest dici quod Socrates sit hoc quod ab eo separatum est; nec iterum illud separatum proficeret in cognitionem huius singularis. Et ideo relinquitur quod ratio generis vel speciei conveniat essentiae, secundum quod significatur per modum totius, ut nomine hominis vel animalis, prout implicite et indistincte continet totum hoc, quod in individuo est.

第3章

⑴　ところで，本質という名辞によって複合実体において何が意味表示されるのか，ということはわかったので，次にそれは類，種，および種差[1]という概念[2]にたいしてどのように関係づけられるのかを見なければならない。しかし，類，種あるいは種差の本性(ラチオ)がそれに適合するところのものは，この指定された個について述語されるのであるから，類あるいは種という普遍的概念が，本質にたいして，人間性あるいは動物性という名称による場合のように，部分という仕方で表示されるかぎりにおいて，適合することは不可能である。このことのゆえに，アヴィセンナは理性・性は種差ではなくて，種差の根源である，と述べている[3]。そして同じ理由によって，人間性は種ではなく，また動物性も類であるのではない。同様にまた，プラトン派が主張したように[4]，類あるいは種の概念は個々のものの外に在るところの何らかの実在であるかぎりにおいて本質に適合すると言うこともできない。なぜなら，その場合には類や種はこの個について述語されないであろうからである。というのは，ソクラテスは彼自身から分離されたものであるところのこのものである，と言うことはできないし，さらにまたそうした分離されたものがこの個別者の認識に役立つこともないからである。したがって，結論としては，類あるいは種という概念は，人間あるいは動物という名称による場合のように，全体という仕方で表示されるかぎりにおいて本質に適合する——つまり暗黙的および不確定的に個のうちにあるものの全体を含むかぎりにおいて——ということになる。

---

1) たとえば，人間，動物，理性的，など。
2) ここで「概念」と訳した ratio は，すぐ後で「本性」という訳語が用いられていることからわかるように，知性によって認識可能なかぎりでの事物の本質ないし本性であり，したがってその事物について形成されうる概念ないし観念の基礎となるものである。言いかえると，それは事物の本質・本性そのもの（それはわれわれには完全には認識されない）とわれわれによって形成される概念という二極の間に位置づけられ，いずれかの極にひきよせて理解される。
3) *Metaphysica* V, 6.
4) 参照。Aristoteles, *Metaphysica* I, 990 b1-991 a14.

(2) Natura autem vel essentia sic accepta potest dupliciter considerari: uno modo, secundum rationem propriam, et haec est absoluta consideratio ipsius. Et hoc modo nihil est verum de ea nisi quod convenit sibi secundum quod huiusmodi. Unde quicquid aliorum attribuatur sibi, falsa est attributio. Verbi gratia, homini in eo quod est homo convenit rationale et animal et alia, quae in diffinitione eius cadunt. Album vero aut nigrum vel quicquid huiusmodi, quod non est de ratione humanitatis, non convenit homini in eo quod homo. Unde si quaeratur utrum ista natura sic considerata possit dici una vel plures, neutrum concedendum est, quia utrumque est extra intellectum humanitatis et utrumque potest sibi accidere. Si enim pluralitas esset de intellectu eius, nunquam posset esse una, cum tamen una sit secundum quod est in Socrate. Similiter si unitas esset de ratione eius, tunc esset una et eadem Socratis et Platonis nec posset in pluribus plurificari. Alio modo consideratur secundum esse quod habet in hoc vel in illo, et sic de ipsa aliquid praedicatur per accidens ratione eius, in quo est, sicut dicitur quod homo est albus, quia Socrates est albus, quamvis hoc non conveniat homini in eo quod homo.

(3) Haec autem natura duplex habet esse, unum in singularibus et aliud in anima, et secundum utrumque consequuntur dictam naturam accidentia. Et in singularibus etiam habet multiplex esse secundum singularium diversitatem et tamen ipsi naturae secundum suam primam considerationem, scilicet absolutam, nullum istorum esse

第 3 章　39

⑵　ところで，このように解された本性あるいは本質は二つの仕方で考察されることが可能である。一つの仕方は固有の本質側面(ラティオ)に即してであり，これはそのもの（本性，本質）の絶対的な考察である。そして，この仕方では，このようなものであるかぎりでそれ自身に適合するものの外は，そのものについて何ごとも真ではない。ここからして他のいかなる事物がそれ自身に帰属させられようとも，そうした帰属は偽であることになろう。たとえば，人間であるかぎりでの人間には理性的および動物，そしてその定義に入ってくる他の事柄が適合する。これにたいして，白とか黒，もしくは人間性の本質側面に属しないところのこの種のいかなることも，人間であるかぎりでの人間には適合しない。ここからして，もしこのように考察された当の本性は一もしくは多[5]と呼ばれうるか，と問われたならば，そのいずれも容認してはならない。なぜならそれらは両者とも人間性の概念の外にあり，また両者とも当の本性に属しうるからである。というのも，もし複数性がそれの概念に属するものであったならば，それはソクラテスにおいて在るかぎりでは一であるのに，けっして一ではありえないことになるからである。同様に，もし一性がそれの本質側面に属するものであったならば，そのときにはソクラテスとプラトンの人間性は一にして同一であり，また人間性が複数の人間において複数化されることも不可能になろう。もう一つの仕方では，（こうした本性は）それがこの，もしくはあのものにおいて有する存在(エッセ)に即して考察される。そしてこの場合，それが内属しているもののゆえに，付帯的に或ることがそれについて述語されるのであって，たとえば（人間性が内属しているところの）ソクラテスが白いことのゆえに，人間は白いと言われるのである──白さは人間としての人間には適合しないにもかかわらず。

⑶　他方で，この本性は二重の存在(エッセ)を有している。一つは諸々の個体においてであり，もう一つは霊魂においてであって，それら両者に即して当の本性に諸々の付帯性が付け加わってくる。さらにまた，諸々の個体においては個々のものが多様であることにもとづいて多数の存在(エッセ)を有する。とはいえ，

　　5）　ここで「多」と訳した原語 plures は「複数」である。

debetur. Falsum enim est dicere quod essentia hominis in quantum huiusmodi habeat esse in hoc singulari, quia si esse in hoc singulari conveniret homini in quantum est homo, nunquam esset extra hoc singulare. Similiter etiam si conveniret homini in quantum est homo non esse in hoc singulari, nunquam esset in eo. Sed verum est dicere quod homo non in quantum est homo habet quod sit in hoc singulari vel in illo aut in anima. Ergo patet quod natura hominis absolute considerata abstrahit a quolibet esse, ita tamen quod non fiat praecisio alicuius eorum. Et haec natura sic considerata est quae praedicatur de individuis omnibus.

(4) Non tamen potest dici quod ratio universalis conveniat naturae sic acceptae, quia de ratione universalis est unitas et communitas. Naturae autem humanae neutrum horum convenit secundum suam absolutam considerationem. Si enim communitas esset de intellectu hominis, tunc in quocumque inveniretur humanitas inveniretur communitas. Et hoc falsum est, quia in Socrate non invenitur communitas aliqua, sed quicquid est in eo est individuatum. Similiter etiam non potest dici quod ratio generis vel speciei accidat naturae humanae secundum esse quod habet in individuis, quia non invenitur in individuis natura humana secundum unitatem, ut sit unum quid omnibus conveniens, quod ratio universalis exigit. Relinquitur ergo quod ratio speciei accidat naturae humanae secundum illud esse quod habet in intellectu.

第一の考察,すなわち端的な考察に即するかぎりでの本性そのものには,これらの存在(エッセ)のいずれも帰属させるべきではない。というのも,人間というものであるかぎりでの人間の本質がこの個体において存在(エッセ)を有する,と言うことは誤りであって,なぜなら,もしこの個体のうちなる存在(エッセ)が人間であるかぎりでの人間に適合するものであったならば,それはこの個体の外のどこにも存在しないことになるであろうからである。同様にまた,もし人間であるかぎりでの人間にとってこの個体のうちに在らぬことが適合するのであれば,それ(人間の本性)はけっしてその個体のうちには存在しないことになるであろう。しかし,人間は――人間であるかぎりにおいてではないが――この,あるいはあの個体,もしくは霊魂のうちに存在を有する,と言うことは真なのである。それゆえ,端的に考察された人間の本性はいかなる存在(エッセ)からも抽象されている――ただしそれらのいずれをも排除はしていないという仕方で――ことはあきらかである。そして,このように考察されたところの本性がすべての個について述語される本性にほかならない。

(4) ところで,このような意味に解された本性には普遍という本質側面[6]が適合するとは言えない[9]。なぜなら普遍という本質側面には一性と共通性とが属するのであるが,人間本性には,それが端的に考察されるかぎり,これらのいずれも適合しないからである。というのは,もし共通性が人間というものの理解に属するとしたならば,人間性がいかなるもののうちに見出されようとも,そこに共通性が見出されることになるであろうが,それは偽である。なぜなら,ソクラテスのうちには何らの共通性も見出されないのであって,彼のうちにあるものは何であろうと個体化されているからである。同様にまた,個々の人間のうちにそれが有する存在(エッセ)に即していえば,人間本性が類もしくは種の本質側面を持つとも言えない。なぜなら,個々の人間においては,人間本性はすべてのものに適合するような一つのものである――そのことを普遍という本質側面は要求する――という一性に即して見出されることはないからである。それゆえ,残るところ,人間本性はそれが知性にお

---

6) ここではratioを「本質側面」と訳した。

(5) Ipsa enim natura humana in intellectu habet esse abstractum ab omnibus individuantibus, et ideo habet rationem uniformem ad omnia individua, quae sunt extra animam, prout aequaliter est similitudo omnium et ducens in omnium cognitionem in quantum sunt homines. Et ex hoc quod talem relationem habet ad omnia individua intellectus adinvenit rationem speciei et attribuit sibi. Unde dicit Commentator in principio de anima quod intellectus est qui agit universalitatem in rebus. Hoc etiam Avicenna dicit in sua metaphysica. Et quamvis haec natura intellecta habeat rationem universalis secundum quod comparatur ad res extra animam, quia est una similitudo omnium, tamen secundum quod habet esse in hoc intellectu vel in illo est quaedam species intellecta particularis. Et ideo patet defectus Commentatoris in III de anima, qui voluit ex universalitate formae intellectae unitatem intellectus in omnibus hominibus concludere, quia non est universalitas illius formae secundum hoc esse quod habet in intellectu, sed secundum quod refertur ad res ut similitudo rerum, sicut etiam, si esset una statua corporalis repraesentans multos homines, constat quod illa imago vel species statuae haberet esse singulare et proprium secundum quod esset in hac materia, sed haberet rationem communitatis secundum quod esset commune repraesentativum plurium.

いて有する存在(エッセ)に即して種の本質側面を有することが結論される[7]。

(5) というのは，知性においてある人間本性そのものはすべての個体化するものから抽象された存在(エッセ)を有するのであり，したがってそれは霊魂の外にあるすべての個にたいして一様な関係[8]を持つからである——いわばそれらが人間であるかぎりにおいて等しくそれらすべてのものの類似であり，それらすべてのものの認識へと導くものとして。そして（知性においてある人間本性は）すべての個にたいしてこのような関係[9]を有することからして，知性は種という本質側面に到達し，それを当の本性に帰属させるのである。ここからして，アヴェロエスは『霊魂論』の冒頭において，「諸々の事物のうちに普遍性を生ぜしめるのは知性である」[10]と述べているのであり，アヴィセンナもこのことを彼の『形而上学』において述べている[11]。ところで，この知解された本性は霊魂の外なる諸事物との関係に関するかぎり普遍的という本質側面を有するとはいえ——なぜなら事物すべての一つの類似であるから——この，もしくはあの知性のうちに存在(エッセ)を有するかぎりにおいては何らかの特殊的な知解された種なのである。したがって，知解された形相の普遍性からしてすべての人間における知性の一性を結論しようと欲したアヴェロエスが『霊魂論』第3巻で陥った誤謬は明白である[12][10]。なぜなら，かの形相の普遍性は，それが知性において有するこの存在(エッセ)にもとづくものではなく，むしろ諸事物の類似として事物にたいして関連づけられるかぎりにおいてのものだからである。それは，かりに多数の人間を表示・再現する一つの物体的彫像があったとすれば，彫像のそうした映像もしくは形象はそれがこの質料のうちにあるかぎりでは個別的で固有の存在(エッセ)を有するであろうが，そ

---

7) ここでいわゆる「普遍」問題に関するトマスの基本的立場が表明されている。
8) ここでは ratio を「関係」と訳した。
9) ここでは relatio と言われており，さきに ratio を「関係」と訳したことと斉合的である。
10) *Commentarium Magnum in Aristolelis De Anima Libros* I, Comm. 8.
11) *Metaphysica* V, 2.
12) *Commentarium Magnum in Aristolelis De Anima Libros* III, Comm. 5. ここでトマスは，後年激しい論争の的となったアヴェロエスの知性の単一性説を「明白な謬り」として斥けている。

(6) Et quia naturae humanae secundum suam absolutam considerationem convenit quod praedicetur de Socrate, et ratio speciei non convenit sibi secundum suam absolutam considerationem, sed est de accidentibus, quae consequuntur eam secundum esse, quod habet in intellectu, ideo nomen speciei non praedicatur de Socrate, ut dicatur: Socrates est species, quod de necessitate accideret, si ratio speciei conveniret homini secundum esse, quod habet in Socrate vel secundum suam considerationem absolutam, scilicet in quantum est homo. Quicquid enim convenit homini in quantum est homo praedicatur de Socrate.

(7) Et tamen praedicari convenit generi per se, cum in eius diffinitione ponatur. Praedicatio enim est quiddam, quod completur per actionem intellectus componentis et dividentis, habens fundamentum in re ipsa unitatem eorum, quorum unum de altero dicitur. Unde ratio praedicabilitatis potest claudi in ratione huius intentionis, quae est genus, quae similiter per actum intellectus completur. Nihilominus tamen id, cui intellectus intentionem praedicabilitatis attribuit, componens illud cum altero, non est ipsa intentio generis, sed potius illud, cui intellectus intentionem generis attribuit, sicut quod significatur hoc nomine animal.

れが複数のものを表示・再現する共通的なものであるかぎりにおいては共通性という本質側面を有することになろう，ということが確実であるのと同じである。

(6) また，無条件的に考察されたかぎりでの人間本性にはソクラテスについて述語されることが適合するのであり，そして無条件的に考察されたかぎりでの人間本性には種という本質側面は適合せず，むしろ種という本質側面は人間本性が知性[13]において有する存在(エッセ)にもとづいてそれに付帯してくる属性の一つであるから，種という名称は「ソクラテスは種である」という具合に，ソクラテスについて述語されることはない。そのことはもし種という本質側面が人間に，かれがソクラテスにおいて有する存在に即して適合するものであったならば，あるいは（種という本質側面が）人間に，無条件的な考察に即して，すなわち彼が人間であるかぎりにおいて適合するものであったならば，必然的に生起したことであろう。というのも，人間であるかぎりにおいての人間に適合することは，何であれすべてソクラテスについて述語されるからである。

(7) 他方，述語されるということは類には自体的に適合することなのであり，それは類の定義のうちに述語されるということが措定されているからである。というのは，述語づけとは結合し・分割する知性の働き——それは，一つが他のものについて言われるという仕方で結合・分割されるところのものの一性を，事物そのものにおいて基礎として有している——によって完成されるところの何物かだからである。ここからして，述定可能性という本質側面は，これも同様に知性の働きによって完成されるところの，類というこの概念の本質側面のうちに含まれることが可能なのである。にもかかわらず，知性が或るもの(A)を他のものと結合するときに述定可能性の概念を帰属させるところのもの(A)は，類という概念そのものではなくて，むしろ，たとえば動物というこの名称によって表示されているところのもののように，知性がそれに

---

13) さきには「霊魂」の用語が用いられた。

(8) Sic ergo patet qualiter essentia vel natura se habet ad rationem speciei, quia ratio speciei non est de his, quae conveniunt ei secundum suam absolutam considerationem, neque est de accidentibus, quae consequuntur ipsam secundum esse, quod habet extra animam, ut albedo et nigredo, sed est de accidentibus, quae consequuntur eam secundum esse, quod habet in intellectu, et per hunc modum convenit etiam sibi ratio generis vel differentiae.

類という概念を帰属させるところのものである。

⑻　このようにして，本質あるいは本性がどのような仕方で種という本質側面に関係づけられるかはあきらかである。なぜなら種という本質側面は，本質にたいして，その無条件的な考察に即して適合するところのものの一つでもなければ，またそれが霊魂の外において有する存在(エッセ)に即してそれにともなってくるところの，白さとか黒さという諸々の付帯性の一つでもないからである。そうではなく，種という本質側面は，本質が知性のうちに有する存在(エッセ)に即してそれにともなってくる諸々の付帯性の一つである。そして，類あるいは種差という本質側面もまた，こうした仕方で本質に適合するのである。

CAPITULUM IV

(1) Nunc restat videre per quem modum sit essentia in substantiis separatis, scilicet in anima, intelligentia et causa prima. Quamvis autem simplicitatem causae primae omnes concedant, tamen compositionem formae et materiae quidam nituntur inducere in intelligentias et in animam, cuius positionis auctor videtur fuisse Avicebron, auctor libri fontis vitae. Hoc autem dictis philosophorum communiter repugnat, qui eas substantias a materia separatas nominant et absque omni materia esse probant. Cuius demonstratio potissima est ex virtute intelligendi, quae in eis est. Videmus enim formas non esse intelligibiles in actu nisi secundum quod separantur a materia et a condicionibus eius; nec efficiuntur intelligibiles in actu, nisi per virtutem substantiae intelligentis secundum quod recipiuntur in ea et secundum quod aguntur per eam. Unde oportet quod in qualibet substantia intelligente sit omnino immunitas a materia, ita quod neque habeat materiam partem sui neque etiam sit sicut forma impressa in materia, ut est de formis materialibus.

第 4 章

(1) 今や残る問題は，本質はいかなる仕方で諸々の分離的実体，すなわち，霊魂，知性体，および第一原因などにおいて在るのか，ということの考察である。ところが，第一原因の単純性は万人の認めるところであるが，或る論者[1]は知性実体や霊魂にも形相と質料の複合とを導入しようとつとめているのであって，この立場の創始者は『生命の泉』の著者アヴィケブロン[2]であったと思われる。しかし，これは哲学者たちの説くところと全面的に相容れない[3]，なぜなら哲学者たちはそれらを質料から分離された諸実体と名付け，それらがあらゆる質料なしに在ることを証明しているからである。それの最も強力な論証はそれら分離実体のうちにある知的認識の力にもとづくものである[4]。というのも，われわれは諸々の形相が質料および質料の諸条件から分離されることにもとづいてでなければ現実に可知的ではないということ，またそれら形相はそれらが知的認識する実体のちから[5]のうちに受け取られ，そのちからの働きを受けるのでなければ，現実に可知的なものたらしめることはないことを見てとるからである。ここからして，いかなる知的認識する実体も質料からまったく免除されていなければならないのであって，つまり自らのうちに質料という部分を含むこともないし，諸々の質料的形相の場合がそうであるように，また質料のうちに印刻された形相という仕方で在るのでもない。

---

1) 当時のフランシスコ会の学者たちの共通見解であり，ドミニコ会学者のなかにもその支持者が存在した。
2) Avicebron〔Ibn Gabirol〕(1021-1058) スペインのユダヤ人哲学者。
3) 参照。Aristoteles, *De Anima* III, 429a 10-25; Albertus Magnus, *Super Libros Sententiarum* II, IA, a. 4.
4) 参照。Avicenna, *De Anima* V, 2; Albertus Magnus, *Super Libros Sententiarum* II, 19A, a. 1, sed contra 3.
5) ここで知的認識する実体のちから virtus substantiae intelligentis と言われているのは，可能的に可知的である対象を，質料および質料的条件から抽象して，それを現実的に可知的たらしめる能動知性 intellectus ageus のちからである。

(2) Nec potest aliquis dicere quod intelligibilitatem non impediat materia quaelibet, sed materia corporalis tantum. Si enim hoc esset ratione materiae corporalis tantum, cum materia non dicatur corporalis nisi secundum quod stat sub forma corporali, tunc oporteret quod hoc haberet materia, scilicet impedire intelligibilitatem, a forma corporali. Et hoc non potest esse, quia ipsa etiam forma corporalis actu intelligibilis est, sicut et aliae formae, secundum quod a materia abstrahitur. Unde in anima vel in intelligentia nullo modo est compositio ex materia et forma, ut hoc modo accipiatur essentia in eis sicut in substantiis corporalibus, sed est ibi compositio formae et esse. Unde in commento IX propositionis libri de causis dicitur quod intelligentia est habens formam et esse, et accipitur ibi forma pro ipsa quiditate vel natura simplici.

(3) Et quomodo hoc sit planum est videre. Quaecumque enim ita se habent ad invicem quod unum est causa esse alterius, illud quod habet rationem causae potest habere esse sine altero, sed non convertitur. Talis autem invenitur habitudo materiae et formae, quia forma dat esse materiae. Et ideo impossibile est esse materiam sine aliqua forma. Tamen non est impossibile esse aliquam formam sine materia. Forma enim non habet in eo quod est forma dependentiam ad materiam, sed si inveniantur aliquae formae, quae non possunt esse nisi in materia, hoc accidit eis secundum quod sunt distantes a primo principio, quod est actus primus et purus. Unde illae formae, quae sunt propinquissimae primo principio, sunt formae per se sine materia subsistentes (non enim forma secundum totum genus suum materia indiget, ut

第 4 章　　　　　　　　　　　　　　　51

(2)　また，すべての質料がそうだというのではなくて，物体的質料のみが可知性を妨げるのだ，と言うこともできない。というのは，もしこのことが物体的質料のゆえのみに起こることであるとしたら，質料は物体的形相の下にあるかぎりにおいてのみ物体的と言われるのであるから，その場合には，質料がこのこと，すなわち可知性を妨げるということをするのは物体的形相からしてである，ということにならざるをえないであろう。だがそのことはありえない。なぜなら，他の諸々の形相がそうであるように，物体的形相そのものも質料から抽象されるかぎりにおいて現実に可知的であるからである。ここからして，霊魂もしくは知性体のうちには，質料と形相からの複合というものはいっさい存在しない。つまり，それらにおいて本質というものは，諸々の物体的実体におけるような仕方では解されないのである。そうではなく，そこに在るのは形相と存在(エッセ)との複合である。ここからして『原因論』[6]命題第 9 の註解には知性体は形相と存在(エッセ)を有するものである[7]，といわれている。そして，そこで形相は単純な何性もしくは本性そのものを指すものと解されている。

(3)　ところで，これはどうしてなのかを見てとることは容易である。というのは，相互に一方が他方の原因であるような仕方で関係づけられているものは何であれ，原因という本質側面を有するものは他者なしにも存在(エッセ)を有しうるが，その逆は成立しないからである。ところが，質料と形相については，形相が質料に存在(エッセ)を与えるという関係が見出されるのであり，したがって質料は何らかの形相なしに存在することは不可能であるが，或る形相が質料なしに存在することは不可能ではないのである。それというのも，形相は形相であるということのうちに質料への依存を含んではいないからである。しか

---

6)　当時この名称の下に，アリストテレスの著作として知られていた『原因論』*Liber de Causis* は，実際は新プラトン哲学派のプロクロス Proclos（410/12-485）の『神学綱要』*Elementatio Theologica* からの抜粋である。この時期すでにこの著作に親しんでいたトマスは，1268年メルベカのギレルムスによるプロクロスの『神学綱要』のラテン語訳に接することにより，この著作の真の著者は或るアラブ哲学者であることを初めて指摘した。彼の『原因論注解』*Super Librum De Causis* は1272年の作である。

7)　*Liber De Causis et Saucti Thomae De Aquino Super Librum De Causis Expositio*, ed. V. M. Pouliot; K. Oshika, Kyoto, 1967, p. 57.

dictum est) et huiusmodi formae sunt intelligentiae. Et ideo non oportet ut essentiae vel quiditates harum substantiarum sint aliud quam ipsa forma.

(4) In hoc ergo differt essentia substantiae compositae et substantiae simplicis quod essentia substantiae compositae non est tantum forma, sed complectitur formam et materiam, essentia autem substantiae simplicis est forma tantum. Et ex hoc causantur duae aliae differentiae: una est quod essentia substantiae compositae potest significari ut totum vel ut pars, quod accidit propter materiae designationem, ut dictum est. Et ideo non quolibet modo praedicatur essentia rei compositae de ipsa re composita; non enim potest dici quod homo sit quiditas sua. Sed essentia rei simplicis, quae est sua forma, non potest significari nisi ut totum, cum nihil sit ibi praeter formam quasi formam recipiens; et ideo quocumque modo sumatur essentia substantiae simplicis de ea praedicatur. Unde Avicenna dicit quod quiditas simplicis est ipsummet simplex, quia non est aliquid aliud recipiens ipsam. Secunda differentia est quod essentiae rerum compositarum ex eo quod recipiuntur in materia designata multiplicantur secundum divisionem eius, unde contingit quod aliqua sint idem specie et diversa numero. Sed cum essentia simplicis non sit recepta in materia, non potest ibi esse talis multiplicatio; et ideo oportet ut non inveniantur in illis substantiis plura individua eiusdem

し，もし質料のうちにおいてでなければ存在しえないような何らかの形相が見出されるとしたら[8]，そのことがそれら形相に起こるのは，それらが第一の純粋現実態であるところの第一根源から遠く離れていることにもとづいてである。ここからして，第一根源に最も近く位置する諸形相は，それ自体で質料なしに自存する形相である。それというのも，前述のように[9]形相はその類の全体にわたって質料を必要とするものではないからである。そして諸々の知性体はこの種の形相なのであり，したがってこれら諸実体[10]の本質もしくは何性は形相そのものと別のものでなければならないわけではない。

(4) それゆえ，複合実体と単純実体の本質は，複合実体の本質は形相のみではなくて，形相と質料とを含むのにたいして，単純実体の本質は形相のみである，という点において異なっている。そして，このことからして他の二つの相違が生ぜしめられる。一つは，複合実体の本質は全体としてか，あるいは部分として表示されうるということであり，前述のように[11]そのことは質料が指定される（か，指定されない）ことによって生起する。したがって，複合的な事物の本質は複合的な事物そのものについて，いかなる仕方においても述語されうるものではない。というのも，人間は自らの何性である，とは言えないからである。これにたいして，自らの形相であるところの単純な事物は全体としてしか表示されることはできない。なぜなら，そこには形相のほかには，何ものもいわば形相を受けとるものとして存在しないからである。したがって，単純実体の本質がどのような仕方で受容・理解されようと，当の実体について述語されうるのである。このことからして，アヴィセンナは「単純なものの何性はそれ自身も単純である」[12]と述べているが，それは当の何性を受け取る他の何ものもないからである。第二の違いは，複合的な事物の諸本質は指定された質料のうちに受け取られていることからして，それ（質料）の分割にもとづいて（それら諸本質も）多数化されていることに

---

8) 複合的実体の形相がそれに相当する。
9) 参照。51ページ。
10) すなわち，知性体。
11) 参照。33ページ。
12) *Metaphysica* V, 5.

speciei, sed quot sunt ibi individua, tot sunt ibi species, ut Avicenna expresse dicit.

(5) Huiusmodi ergo substantiae quamvis sint formae tantum sine materia, non tamen in eis est omnimoda simplicitas nec sunt actus purus, sed habent permixtionem potentiae. Et hoc sic patet. Quicquid enim non est de intellectu essentiae vel quiditatis, hoc est adveniens extra et faciens compositionem cum essentia, quia nulla essentia sine his, quae sunt partes essentiae, intelligi potest. Omnis autem essentia vel quiditas potest intelligi sine hoc quod aliquid intelligatur de esse suo; possum enim intelligere quid est homo vel Phoenix et tamen ignorare an esse habeat in rerum natura. Ergo patet quod esse est aliud ab essentia vel quiditate, nisi forte sit aliqua res, cuius quiditas sit ipsum suum esse; et haec res non potest esse nisi una et prima, quia impossibile est, ut fiat plurificatio alicuius nisi per additionem alicuius differentiae, sicut multiplicatur natura generis in species, vel per hoc quod forma recipitur in diversis materiis, sicut multiplicatur natura speciei in diversis individuis, vel per hoc quod unum est absolutum et aliud in aliquo receptum, sicut si esset quidam calor separatus, esset alius a calore non separato ex ipsa sua separatione. Si autem ponatur aliqua res, quae sit esse tantum, ita ut ipsum esse sit subsistens, hoc esse non recipiet additionem differentiae, quia iam non esset esse

よるものである。ここからして，或る事物は種としては同一であって，数的には多様である，ということが起こる。これにたいして，単純なものの本質は質料のうちに受け取られてはいないので，そこにはこうした多数化はありえない。したがってまた，それら諸実体においては同一の種に属する複数の個体が見出されることはけっしてありえないのであって，アヴィセンナが明確に述べているように[13]，そこには個体があるのと同じだけの数の種が存在するのである[11]。

(5) それゆえ，この種の諸実体は，質料なしの形相のみであるとはいえ，それらのうちにあらゆる意味での単純性があるのではなく，またそれらは純粋現実態であるのでもない。そうではなく，それらは可能態の混入を有するのであり，そのことは次のように明白である。すなわち，本質あるいは何性の意味内容[14]に属していないものはすべて，外から来て本質との複合に入るものである。なぜなら，いかなる本質も本質の諸部分である事柄ぬきではけっして理解できないからである。ところが，すべての本質もしくは何性は，自らの存在(エッセ)[15]について何事かが理解されることなしにも理解されることが可能である。というのも，わたしは人間もしくは不死鳥が何であるかを理解して，しかもそれが実在の世界において存在(エッセ)を有するか否かについて無知であることが可能だからである。それゆえ，（これらすべての本質もしくは何性において）存在(エッセ)が本質もしくは何性とは別のものであることは明白である[12]。しかし，もしかしてそれの何性が自らの存在(エッセ)そのものであるような何らかのものがあるとしたらそれは別のことになろう，そしてこのものは一つ，そして第一のもの以外にはありえない。なぜなら，或るものの複数化は，(1)類の本性が種へと複数化される場合のように或る差異の付加によるか，(2)あるい

---

13) *Ibid.*, V, 2.
14) intellectus を「意味内容」と訳したが，端的に「定義」と訳することもできる。
15) この「存在(エッセ)」の意味については，トマス自身，この後の文章で「実在の世界において in rerum natura 存在(エッセ)を有するか否か」という説明を補っているが，この説明は正しく理解する必要がある。トマスは「存在(エッセ)」を決して何かが見える，測定できる，手で触れて手応えを感じる，といった意味での「……がある」と同一視しているのではない。「存在(エッセ)」はあくまで最高の完全性であり，諸々の形相をも現実化する最高の現実態なのである。

tantum, sed esse et praeter hoc forma aliqua; et multo minus reciperet additionem materiae, quia iam esset esse non subsistens sed materiale. Unde relinquitur quod talis res, quae sit suum esse, non potest esse nisi una. Unde oportet quod in qualibet alia re praeter eam aliud sit esse suum et aliud quiditas vel natura seu forma sua. Unde oportet quod in intelligentiis sit esse praeter formam; et ideo dictum est quod intelligentia est forma et esse.

(6) Omne autem quod convenit alicui vel est causatum ex principiis naturae suae, sicut risibile in homine, vel advenit ab aliquo principio extrinseco, sicut lumen in aere ex influentia solis. Non autem potest esse quod ipsum esse sit causatum ab ipsa forma vel quiditate rei (dico sicut a causa efficiente) quia sic aliqua res esset sui ipsius causa et aliqua res seipsam in esse produceret, quod est impossibile. Ergo oportet quod omnis talis res, cuius esse est aliud quam natura sua habeat esse ab alio. Et quia omne, quod est per aliud, reducitur ad illud quod est per se sicut ad causam primam, oportet quod sit aliqua res, quae sit causa essendi omnibus rebus, eo quod ipsa est esse tantum.

は種の本性が多様な個体へと多数化される場合のように形相が多様な質料のうちに受け取られることによるか，あるいはまた，(3)かりに何らかの分離された熱があったならば，それの分離ということ自体からして分離されていない熱とは別のものであったであろうように，一つは分離，独立的であって他のものは或るもののうちに受け取られていることによってか，これら三つの仕方以外では起こりえないからである。ところが，存在そのものが自存するものであるという仕方で存在のみであるような或るものが措定されたならば，この存在に差異が付加されることはありえないであろう。なぜなら，そうしたらすでに存在のみではなく，存在とそのほかにこの何らかの形相，というものになってしまうからであり，まして質料の付加を受けることはなおさらありえないであろう。なぜなら，そうしたらすでに存在は自存するものではなく，質料的になってしまうからである。ここからして，自らの存在であるところのこのようなものは一つしかありえない，という結論にならざるをえない。このことからして，そのもの以外の他のあらゆるものにおいて自らの存在と自らの何性，本性，もしくは形相は別のものでなければならない[16]。ここからして，諸々の知性体においては存在は形相に加えられた別のものであり，したがって知性体は形相と存在である，と言われたのである。

(6) ところで，或るものに属することはすべて，笑うことができるということが人間に属するように，自らの本性の諸根源からして原因されたものか，あるいは太陽から流出して大気中にある光のように何らかの外的根源から出て来るものである。しかし存在そのものが事物の形相あるいは何性それ自体によって原因されたものである——私が言うのは[17]作動原因によって原因される場合のことであるが——ことはありえない。なぜなら，その場合には或るものが自分自身の原因であり，或るものが自分自身を存在へと産出することになるであろうが，それは不可能だからである[18]。それゆえ，それの存在

---

16) ここで，さきに言及された，事物における本質，本性ないし何性と存在との差異に，存在論的説明が与えられている。

17) トマスがここで「私が言うのは」と明確な仕方で指摘するのは，或る意味で形相は存在を原因する，と言えるからである。

18) トマスはここで「自己原因」causa sui としての神，という考え方を明確に斥けている。

Alias iretur in infinitum in causis, cum omnis res, quae non est esse tantum, habeat causam sui esse, ut dictum est. Patet ergo quod intelligentia est forma et esse et quod esse habet a primo ente, quod est esse tantum. Et hoc est causa prima, quae Deus est.

(7) Omne autem quod recipit aliquid ab alio est in potentia respectu illius, et hoc quod receptum est in eo est actus eius. Oportet ergo quod ipsa quiditas vel forma, quae est intelligentia, sit in potentia respectu esse, quod a Deo recipit; et illud esse receptum est per modum actus. Et ita invenitur potentia et actus in intelligentiis, non tamen forma et materia nisi aequivoce. Unde etiam pati, recipere, subiectum esse et omnia huiusmodi, quae videntur rebus ratione materiae convenire, aequivoce conveniunt substantiis intellectualibus et corporalibus, ut in III de anima Commentator dicit. Et quia, ut dictum est, intelligentiae quiditas est ipsamet intelligentia, ideo quiditas vel essentia eius est ipsum quod est ipsa, et esse suum receptum a Deo est id, quo subsistit in rerum natura. Et propter hoc a quibusdam dicuntur huiusmodi substantiae componi ex quo est et quod est vel ex quod est et esse, ut Boethius dicit.

は自らの本性とは別のものであるような，そうした事物はすべて，存在(エッセ)を他者から有するのでなければならない。そして，すべて他者によって在るものは，自らによって在るもの[19]へと，第一原因へと還元されるような仕方で還元されるのであるから，自らは存在(エッセ)のみであることからしてすべての事物にとっての存在(エッセ)することの原因であるような，何らかのものが在るのでなければならない。そうでなければ，前述のように[20]，存在(エッセ)のみでないところのすべてのものは自らの存在(エッセ)の原因を有するはずであるから，諸々の原因を経て無限に遡ることになるであろう[21]。それゆえ，知性体が形相と存在であること，そして存在のみであるところの第一の存在(エンス)するものから存在(エッセ)を有していることは明白である。そして，これが神であるところの第一原因である[22]〔13〕。

(7) ところで，或るもの(A)を他者から受け取るすべてのもの(B)は，その或るもの(A)に対して可能態の関係にあり，そしてこの受け取られたもの(A)はそのもの(B)においてそれの現実態である。それゆえ，知性体であるところの何性もしくは形相そのものは，神から受け取るところの存在(エッセ)にたいして可能態の関係になければならず，また受け取られたところのその存在(エッセ)は現実態の在り方によって在るのでなければならない。このように，諸々の知性体においても可能態と現実態は見出されるが，形相と質料は同語異義的にでなければ見出されない。ここからして，『霊魂論』第3巻においてアヴェロエスが述べているように[23]，「受動する」「受け取る」「基体である」，および質料のゆえに諸々の事物に属すると思われるところのこの種のすべてのこともまた，諸々の知的実体と物体的実体には同語異義的な意味で属するのである。そし

---

19) 「自らによって在るもの」id quod est per se は決して，自らに存在(エッセ)を与えるもの，という意味での「自己原因」ではなく，「存在そのもの」Ipsum Esse である。

20) 参照。55ページ以下。

21) このような無限遡及は無意味であり，空虚な想定である。

22) ここでトマスは質料をまったくふくまない単純実体である知性体（霊魂もふくめて）は，形相と存在(エッセ)との複合であることからして，存在のみである第一の在るもの(エンス)としての神へと論を進めているが，これと「五つの道」として知られる神存在の論証との関係についてはあらためて考察する必要がある。

23) De Anima III, 2.

(8) Et quia in intelligentiis ponitur potentia et actus, non erit difficile invenire multitudinem intelligentiarum; quod esset impossibile, si nulla potentia in eis esset. Unde Commentator dicit in III de anima quod, si natura intellectus possibilis esset ignorata, non possemus invenire multitudinem in substantiis separatis. Est ergo distinctio earum ad invicem secundum gradum potentiae et actus, ita quod intelligentia superior, quae magis propinqua est primo, habet plus de actu et minus de potentia, et sic de aliis.

(9) Et hoc completur in anima humana, quae tenet ultimum gradum in substantiis intellectualibus. Unde intellectus possibilis eius se habet ad formas intelligibiles sicut materia prima, quae tenet ultimum gradum in esse sensibili, ad formas sensibiles, ut Commentator in III de anima dicit. Et ideo philosophus comparat eam tabulae, in qua nihil est scriptum. Et propter hoc quod inter alias substantias intellectuales plus habet de potentia, ideo efficitur in tantum propinqua rebus materialibus, ut res materialis trahatur ad participandum esse suum, ita scilicet quod ex anima et corpore resultat unum esse in uno composito, quamvis illud esse, prout est animae, non sit dependens a

て，前述のように[24]知性体の何性は知性体それ自体であるから，それの何性もしくは本質は知性体であるところのもの自体であり，それが神から受けとった存在(エッセ)は，それによって知性体が実在の領域において自存するところのものである。そして，このことのゆえに，或る論者たち[25]によってこの種の実体は「……によって在るもの」と「……であるもの」から複合されていると言われ，あるいはボエティウスが述べているように「……であるもの」と「存在(エッセ)」から複合されている[26]，と言われている。

(8) また，諸々の知性体のうちには可能態と現実態があるとされているので，諸々の知性体の多数性を見出すことは困難ではないであろうが，もしそれらのうちに何の可能態もなかったのであれば，そのことは不可能だったであろう。ここからして，アヴェロエスは『霊魂論』第3巻において，もし可能知性の本性が知られていなかったならば，われわれは諸々の分離的実体における多数性を見出すことはできなかったであろう[27]，と述べている。それゆえ，それら相互の区別は可能態と現実態の段階にもとづいているのであり，すなわち第一の存るもの(エンス)により近接的であるところの上位の知性体はより多くの現実態とより少ない可能態を有するのであり，同じことが他の諸々の知性体についても言えるのである。

(9) そして，この（知性体の）諸段階は，諸々の知的実体において最低の段階を占める人間霊魂において完結する[28]。ここからして，人間霊魂の可能的知性は諸々の可知的形相にたいして，アヴェロエスが『霊魂論』第3巻において述べているように[29]，可感的存在において最低の段階を占めているところの第一質料が諸々の可感的形相にたいして有するような関係を有す

---

24) 参照。53ページ。
25) ハレスのアレクサンデル，ボナヴェントゥラなど，フランシスコ会の神学者たち，およびアルベルトゥス・マグヌス。
26) *De Hebdomadibus*, PL64, 1311.
27) *Commentarium Magnum in Aristotelis De Anima Libros* III, Comm. 5.
28) 「万物の霊長」という周知の人間の位置づけに反して，人間はすべての知性ないし霊的な存在の最低に位置づけられている。
29) *Commentarium Magnum in Aristotelis De Anima Libros* III, Comm. 1.

corpore. Et ideo post istam formam, quae est anima, inveniuntur aliae formae plus de potentia habentes et magis propinquae materiae in tantum quod esse earum sine materia non est. In quibus etiam invenitur ordo et gradus usque ad primas formas elementorum, quae sunt propinquissimae materiae. Unde nec aliquam operationem habent nisi secundum exigentiam qualitatum activarum et passivarum et aliarum, quibus materia ad formam disponitur.

る[14]。またこのことのゆえに，アリストテレスはそれ（人間霊魂）をそこに何も記されていない書き板にたとえるのである[30]。また他の諸々の知的実体の間にあってもっとも可能態を多く有することのゆえに，（人間霊魂は）質料的事物がおのれの[31]存在を分有することへと引きよせられる[15]ほどに，諸々の質料的事物にそれほど近接せしめられているのである。すなわち，霊魂と身体からして一つの複合体における一つの存在(エッセ)が結果するほどに，である――ただし，その存在(エッセ)は霊魂に属するものであるかぎり，身体に依存するものではないのであるが[32][16]。そして，こういうわけで，霊魂であるところのこの形相の後に，それらの存在(エッセ)は質料なしには在りえないほどに，より多くの可能態を有し，また質料により近接的であるような他の諸形相が見出される。それら諸形相のうちにも，質料に最も近接的である諸元素の第一の諸形相にまで到る，秩序と段階があることが見出される。ここからして[33]，それら諸元素は，能動的および受動的な諸性質や，質料がそれらによって形相（を受け取ること）へと態勢づけられるところの，その他の諸性質の必然性に迫られてでなければ，何らの働きも為さないのである。

---

30) *De Anima* III, 430 a1.
31) すなわち，人間霊魂の。
32) ここでトマスは人間における霊魂と身体の合一に関する独自の解釈を提示している。それを安易に「アリストテレス的」として特徴づけることはできない。
33) すなわち，質料に最も近接的であることからして。

CAPITULUM V

(1) His igitur visis patet quomodo essentia in diversis invenitur. Invenitur enim triplex modus habendi essentiam in substantiis. Aliquid enim est, sicut Deus, cuius essentia est ipsummet suum esse; et ideo inveniuntur aliqui philosophi dicentes quod Deus non habet quiditatem vel essentiam, quia essentia sua non est aliud quam esse eius. Et ex hoc sequitur quod ipse non sit in genere, quia omne quod est in genere oportet quod habeat quiditatem praeter esse suum, cum quiditas vel natura generis aut speciei non distinguatur secundum rationem naturae in illis, quorum est genus vel species, sed esse est diversum in diversis.

(2) Nec oportet, si dicimus quod Deus est esse tantum, ut in illorum errorem incidamus, qui Deum dixerunt esse illud esse universale, quo quaelibet res formaliter est. Hoc enim esse, quod Deus est, huius condicionis est, ut nulla sibi additio fieri possit; unde per ipsam suam puritatem est esse distinctum ab omni esse. Propter quod in commento IX propositionis libri de causis dicitur quod individuatio primae causae, quae est esse tantum, est per puram bonitatem eius. Esse autem commune sicut in intellectu suo non includit aliquam additionem, ita non includit in intellectu suo praecisionem additionis; quia si hoc esset, nihil posset intelligi esse, in quo super esse aliquid adderetur.

第5章

(1) だからして，これまでに見てとったことによって，本質がいかなる仕方で多様な事物のうちに見出されるかは明白である。すなわち，諸々の実体においては本質を有する三様の仕方が見出される。というのは，そのものの本質が自らの存在とまったく同一であるような或るもの，すなわち神が存在する。このことのゆえに，神は何性もしくは本質を有しない，なぜなら神の本質はその存在(エッセ)とは別のものではないからだ，と主張する或る哲学者たち[1]が見出される。そして，このことからして，神は類のうちには含まれないことが帰結する。なぜなら，すべて類のうちに在るものは自らの存在(エッセ)の他に何性を有しなければならないからであり，というのは類もしくは種の何性あるいは本性は，当の類もしくは種に含まれる諸々のものにおいては，本性という側面にもとづいては区別されないが，存在(エッセ)は多様なものにおいて多様であるからである。

(2) また，もしわれわれが神は存在(エッセ)のみである，と主張するのであれば，神はいかなる事物もすべてそれによって形相的に在るところのあの普遍的存在である，と主張した論者たち[2]の誤謬に落ちこまないようにしなければならない。というのは，神であるところのこの存在(エッセ)は何ものも自らに付加されることはありえないような，そうしたものだからであり，したがって自らの純粋さ自身によってすべての存在(エッセ)から区別された存在(エッセ)なのである。このことのゆえに，『原因論』第9命題の註解において，存在(エッセ)のみであるところの第一原因の個別化は，それの純粋な善性によるものである，と言われている[3]。

---

1) Avicenna, *Metaphysica* VIII, 4. およびオーヴェルニュのギヨーム Guillaume d'Auvergne (1180-1249), *De Trinitate* c. 4.
2) たとえば，ベーヌのアモーリ Amalricus de Bene。アモーリはパリ大学で論理学と神学を教えた。1206年頃没。トマスは *S. T.*, I, 3, 8 でアモーリに言及している。
3) 『原因論』第9命題の註解には，第一原因について individuum suum est bonitas pura と言われている。トマスは『神学大全』第3部第1問題第1項ではディオニュシオス・アレオパギテス『神名論』第1章の「神の本性そのものは善性である」Ipsa natura Dei est bonitas を引用している。

(3) Similiter etiam, quamvis sit esse tantum, non oportet quod deficiant ei reliquae perfectiones et nobilitates, immo habet omnes perfectiones, quae sunt in omnibus generibus. Propter quod perfectum simpliciter dicitur, ut philosophus et Commentator in V metaphysicae dicunt. Sed habet eas modo excellentiori omnibus rebus, quia in eo unum sunt, sed in aliis diversitatem habent. Et hoc est, quia omnes illae perfectiones conveniunt sibi secundum esse suum simplex; sicut si aliquis per unam qualitatem posset efficere operationes omnium qualitatum, in illa una qualitate omnes qualitates haberet, ita Deus in ipso esse suo omnes perfectiones habet.

(4) Secundo modo invenitur essentia in substantiis creatis intellectualibus, in quibus est aliud esse quam essentia earum, quamvis essentia sit sine materia. Unde esse earum non est absolutum, sed receptum et ideo limitatum et finitum ad capacitatem naturae recipientis, sed natura vel quiditas earum est absoluta, non recepta in aliqua materia. Et ideo dicitur in libro de causis quod intelligentiae sunt infinitae inferius et finitae superius. Sunt enim finitae quantum ad esse suum, quod a superiori recipiunt, non tamen finiuntur inferius, quia earum formae non limitantur ad capacitatem alicuius materiae recipientis

これにたいして，共通的存在[4]は自らの意味内容のうちに何らの付加も含んでいないように，そのように自らの意味内容のうちに何ら付加の排除も含んでいないのである。なぜなら，もし付加の排除を含んでいたとしたら，存在(エッセ)の上に何かが付け加えられるような存在[5]は何一つ理解されえないであろうからである。

(3) 同様にまた，神は存在(エッセ)のみではあるが，だから神にはそれ以外の完全性および卓越性は欠けているのでなければならない，というのではない。むしろアリストテレス[6]とアヴェロエス[7]が『形而上学』第5巻において述べているように，神はすべての類のうちに在るところのすべての完全性を有するのであって，そのことのゆえに端的に完全なものと呼ばれるのである。しかし，神はそれらをすべての事物よりも卓越した仕方で有するのであって，なぜなら，神においてはそれらは一つであるが，他の諸々の事物においては多様性を有するからである。そしてこのことの理由は，それらすべての完全性は神に，神自身の単純な存在にもとづいて適合するからである。それは，もし或る者が一つの質によってすべての質の働きをなしとげることができたとしたら，その一つの質においてそれらすべての質を有することになるのと同様であり，そのように神は自らの存在(エッセ)そのものにおいてすべての完全性を有するのである。

(4) 第二の仕方で本質が見出されるのは諸々の被造的な知的実体においてであって，それらにおいて本質は質料なしに在るとはいえ，存在(エッセ)はそれらのものの本質とは別のものなのである。ここからして，それらのものの存在は絶対的ではなく，受け取られたものであり，したがって受け取る者の本性の受容可能性へと限定され，限界づけられている。しかし，それらのものの本質

---

[4] 「共通的存在」esse conmure は ens commure, 「全的な存在」ens universole, 「存在であるかぎりでの存在」ens inquantum est ens とも言いかえられ，知性によって最初に把捉されるものとしての存在(エンス)であり，形而上学の対象としての存在(エンス)である。
[5] つまり「存在(エッセ)そのもの」ではなく，それ以外の存在を分有することによって在るもの。
[6] *Metaphysica* V 1021 b30.
[7] *In Aristotelis Metaphysicam* V, Comm. 21.

eas. Et ideo in talibus substantiis non invenitur multitudo individuorum in una specie, ut dictum est, nisi in anima humana propter corpus, cui unitur. Et licet individuatio eius ex corpore occasionaliter dependeat quantum ad sui inchoationem, quia non acquiritur sibi esse individuatum nisi in corpore, cuius est actus, non tamen oportet ut subtracto corpore individuatio pereat, quia cum habeat esse absolutum, ex quo acquisitum est sibi esse individuatum ex hoc quod facta est forma huius corporis, illud esse semper remanet individuatum. Et ideo dicit Avicenna quod individuatio animarum vel multiplicatio dependet ex corpore quantum ad sui principium, sed non quantum ad sui finem.

(5) Et quia in istis substantiis quiditas non est idem quod esse, ideo sunt ordinabiles in praedicamento, et propter hoc invenitur in eis genus et species et differentia, quamvis earum differentiae propriae nobis occultae sint. In rebus enim sensibilibus etiam ipsae differentiae essentiales ignotae sunt, unde significantur per differentias accidentales, quae ex essentialibus oriuntur, sicut causa significatur per suum effectum, sicut bipes ponitur differentia hominis. Accidentia autem propria substantiarum immaterialium nobis ignota sunt; unde differentiae earum nec per se nec per accidentales differentias a nobis

もしくは何性は絶対的であり，何らの質料においても受け取られていない。このことのゆえに，『原因論』においては，諸々の知性体は下にたいしては無限であり，上にたいしては有限である，と言われている[8]。というのは，それらはより上位のものから受け取る自らの存在(エッセ)に関しては有限であるが，それらの形相はそれらを受け取る何らかの質料の受容可能性へと限定されてはいないので，下にたいしては限界づけられていないからである。したがって，これら諸々の実体においては，前述のように[9]，一つの種における諸々の個体の多数性は見出されない——ただ例外は人間霊魂において見出されるのみであり，それは霊魂と合一している身体のゆえにである[10]。そして，人間霊魂の個体化はその発端に関しては身体に機会原因的に依存している——なぜなら，霊魂は自らがそれの現実態である身体においてでなければ個体化された存在(エッセ)を自分に取得することができないからである——のであるが，身体が取り去られると個体化が消滅してしまわざるをえない，ということではないのである。なぜなら，人間霊魂は絶対的な存在(エッセ)を有する[11]のであるから，人間霊魂がこの身体の形相たらしめられたことからして個体化された存在(エッセ)を自らに取得した以上，その存在は常に個体化されたものとしてとどまり続けるからである。このことのゆえに，アヴィセンナは諸々の霊魂の個体化と多数化は，その始源に関しては身体に依存するが，その終極に関してはそうではない，と述べているのである[12]〔17〕。

⑸　さらに，これらの実体においては何性は存在(エッセ)とは同一ではないのであるから，それらは範疇のうちに秩序づけることが可能である。ここからして，それらのうちには類と種と種差が見出される——ただし，それらの固有的種差はわれわれには隠されているのであるが。というのも，可感的事物においてさえ，本質的な種差そのものは知られざるものだからである[13]〔18〕。ここ

---

[8]　第16命題註解。*op. cit.*, p. 92.
[9]　参照。55ページ。
[10]　ここでトマスは人間霊魂，したがってまた個体化について注目すべき指摘を行っている。
[11]　言いかえると，人間霊魂は自らに固有の存在(エッセ)を有する。
[12]　*Liber de Anima* V, 3.

significari possunt.

(6) Hoc tamen sciendum est quod non eodem modo sumitur genus et differentia in illis substantiis et in substantiis sensibilibus, quia in sensibilibus genus sumitur ab eo quod est materiale in re, differentia vero ab eo quod est formale in ipsa. Unde dicit Avicenna in principio libri sui de anima quod forma in rebus compositis ex materia et forma est differentia simplex eius, quod constituitur ex illa, non autem ita quod ipsa forma sit differentia, sed quia est principium differentiae, ut idem dicit in sua metaphysica. Et dicitur talis differentia esse differentia simplex, quia sumitur ab eo quod est pars quiditatis rei, scilicet a forma. Cum autem substantiae immateriales sint simplices quiditates, non potest in eis differentia sumi ab eo quod est pars quiditatis, sed a tota quiditate; et ideo in principio de anima dicit Avicenna quod differentiam simplicem non habent nisi species, quarum essentiae sunt compositae ex materia et forma.

(7) Similiter etiam in eis ex tota essentia sumitur genus, modo tamen differenti. Una enim substantia separata convenit cum alia in immaterialitate et differunt ab invicem in gradu perfectionis secundum recessum a potentialitate et accessum ad actum purum. Et ideo ab eo quod consequitur illas in quantum sunt immateriales

からして，それらは原因がその結果によって表示されるのと同じように諸々の本質的種差から結果するところの諸々の付帯的な種差によって表示されるのであって，たとえば二足であることが人間の種差とされるのである。他方，非質料的実体の固有的な付帯性はわれわれには知られざるものであって，ここからしてそれらの種差は，われわれによっては自体的にも，付帯的種差によっても表示されえないのである。

(6) しかし，これら（知的な）実体においてと可感的実体においてとでは，類と種差は同じ仕方で解されてはいないことを知っていなければならない。なぜなら，可感的な実体においては類は事物において質料的であるものから取られ，他方，種差は事物において形相的であるものから取られる。ここからして，アヴィセンナはその著『霊魂論』の始めのところで，質料と形相から複合された事物における形相は「それによって構成されているものの単純な種差である」[14] と述べているのである。ところで，それは形相そのものが種差であるという意味ではなく，彼自身その『形而上学』で述べているように[15]，種差の根源であるから，ということである。そして，このような種差が単純な種差であると言われているのは，事物の何性の部分であるところのもの，すなわち形相から取られているからである。これにたいして，非質料的実体は単純な何性であるのだから，それらにおいて種差は何性の部分であるものから取られることはできず，むしろ何性全体から取られる。このようなわけで，『霊魂論』の始めのところでアヴィセンナは，「単純な種差を有するのは，それらの本質が質料と形相から複合されているような諸々の種のみである」[16] と述べているのである。

(7) 同様にそれら（分離的実体）においても類は本質全体からして取られるのだが，その仕方は（それぞれ）異なっている。というのは，一つの分離実

---

13) 可感的事物の本質的種差が単に隠されているにとどまらず，知られざるもの ignotae である，と言うのは或る意味で根元的な「不可知論」の表現と言うべきであろう。
14) *Liber De Anima* I, 1.
15) *Metaphysica* V, 6.
16) *Liber De Anima* I, 1.

sumitur in eis genus, sicut est intellectualitas vel aliquid huiusmodi. Ab eo autem quod consequitur in eis gradum perfectionis sumitur in eis differentia, nobis tamen ignota. Nec oportet has differentias esse accidentales, quia sunt secundum maiorem et minorem perfectionem, quae non diversificant speciem. Gradus enim perfectionis in recipiendo eandem formam non diversificat speciem, sicut albius et minus album in participando eiusdem rationis albedinem. Sed diversus gradus perfectionis in ipsis formis vel naturis participatis speciem diversificat, sicut natura procedit per gradus de plantis ad animalia per quaedam, quae sunt media inter animalia et plantas, secundum philosophum in VII de animalibus. Nec iterum est necessarium, ut divisio intellectualium substantiarum sit semper per duas differentias veras, quia hoc est impossibile in omnibus rebus accidere, ut philosophus dicit in XI de animalibus.

(8) Tertio modo invenitur essentia in substantiis compositis ex materia et forma, in quibus et esse est receptum et finitum, propter hoc quod ab alio esse habent, et iterum natura vel quiditas earum est recepta in materia signata. Et ideo sunt finitae et superius et inferius, et in eis iam propter divisionem materiae signatae possibilis est multiplicatio individuorum in una specie. Et in his qualiter se habet essentia ad intentiones logicas, supra dictum est.

体は他の実体と非質料性においては合致し，そして可能態からの遠隔と純粋現実態への近接にもとづいて，完全性の段階においては相互に異なっているからである。したがって，それら（分離実体）が非質料的であるかぎりにおいてそれらにともなってくるもの，すなわち知性的であるとか何かそのようなことからして，それらの類は成立するのである。これにたいして，それらにおいて完全性の段階にともなってくるものからして，それらの種差は成立するのであるが，それはわれわれには知られざるものである[17]。また，これら種差は種を多様化するものではないところの，より大・より小である完全性にもとづくものであるからといって，付帯的でなければならないわけではない。というのは，同じ形相を受け取ることにおける完全性の段階――たとえば，同じ意味での白さを分有することにおけるより白いものとより少なく白いもののように――は種を多様化するのではない[18]。しかし，諸々の分有された形相もしくは本性そのものにおける完全性の多様な段階は種を多様化するのであって，たとえばアリストテレスが『動物論』第7巻で述べているところによると，自然は諸々の植物から動物へと，動物と植物との中間である何らかのものを経て，段階的に進行するのである[19]。さらにまた，諸々の知的実体の分類は常に二つの真なる種差によることが必然的であるのでもない[20]。なぜなら，アリストテレスが『動物論』第11巻で述べているように[21]，このことがすべての事物において生起することは不可能だからである。

(8) 本質は質料と形相から複合された諸々の実体において第三の仕方で見出される。それらにおいては，それらが他者から存在を取得することのゆえに，存在（エッセ）も受け取られたものであり有限であり，さらにそれらの本性もしくは何

---

17) ここにもトマスの「不可知論」的傾向の表現が見られる。

18) この場合の大・小（同じ意味での白さにおける）は量的な大・小であり，したがって付帯的な差異であるから種を多様化しない。

19) *Historia Animalium* VIII, 588 b4-14. 自然界においては生命という形相もしくは本性における多様な段階，言いかえると生命の分有における完全性の段階にもとづいて諸々の植物から動物へと種が多様化されるのである。

20) たとえば，動物を有足と無足，前者を二足と四足，さらに前者を裂足と蹄足とに区分するような，二分法を指している。

21) *De Partibus Animalium* 642 b5.

性も指定された質料のうちに受け取られたものである。したがって，それらは上からも下からも有限である。そして，それらにおいては指定された質料の分割ということのゆえに，一つの種において諸々の個が多数化されることが可能なのである。また，これらにおいて本質がどのような仕方で論理的な諸概念に関係づけられているかはさきに述べられた[22]。

---

22) 参照。第3章。

CAPITULUM VI

(1) Nunc restat videre quomodo sit essentia in accidentibus. Qualiter enim sit in omnibus substantiis, dictum est. Et quia, ut dictum est, essentia est id quod per diffinitionem significatur, oportet ut eo modo habeant essentiam quo habent diffinitionem. Diffinitionem autem habent incompletam, quia non possunt diffiniri, nisi ponatur subiectum in eorum diffinitione. Et hoc ideo est, quia non habent per se esse, absolutum a subiecto, sed sicut ex forma et materia relinquitur esse substantiale, quando componuntur, ita ex accidente et subiecto relinquitur esse accidentale, quando accidens subiecto advenit. Et ideo etiam nec forma substantialis completam essentiam habet nec materia, quia etiam in diffinitione formae substantialis oportet quod ponatur illud, cuius est forma; et ita diffinitio eius est per additionem alicuius, quod est extra genus eius, sicut et diffinitio formae accidentalis. Unde et in diffinitione animae ponitur corpus a naturali, qui considerat animam solum in quantum est forma physici corporis.

(2) Sed tamen inter formas substantiales et accidentales tantum interest, quia sicut forma substantialis non habet per se esse absolutum sine eo cui advenit, ita nec illud cui advenit, scilicet materia. Et ideo ex coniunctione utriusque relinquitur illud esse, in quo res per se subsistit, et ex eis efficitur unum per se; propter quod ex coniunctione eorum relinquitur essentia quaedam. Unde forma,

第6章

(1) 今や残るところは本質がどのような仕方で諸々の付帯性のうちにあるかを見ることである。というのも、すべての実体のうちにどのように在るかは述べ終ったからである。そして前述のように[1]、本質は定義によって表示されるところのものであるから、諸々の付帯性はそれらが定義を有するような仕方で本質を有するのでなければならない。ところが諸々の付帯性は不完全な定義を有する。なぜなら、それらはそれらの定義のうちに基体が措定されることなしには定義されえないからである[2]。そしてこのことの理由は付帯性が基体から離れて、それ自体によっては存在(エッセ)を有しない、ということである。むしろ付帯性が存在を取得するのは、形相と質料からして、それらが複合されるときに、実体的存在(エッセ)が結果として生ずるように、付帯性と基体からして、付帯性が基体に到り着くとき付帯的存在(エッセ)が結果として生ずる、という仕方によってである。したがって、さらに実体的形相も質料もまた、完全な本質を有するのではない。なぜなら、実体的形相の定義のうちにも（当の形相が）それの形相であるところのものが措定されなければならず、こうして——付帯的形相の定義もそうであるように——それの定義はそれの類の外にある或るものを付加することによって成立するからである。ここからして、霊魂をただそれが自然的[3]物体の形相であるかぎりにおいてのみ考察するところの自然学者によって、霊魂の定義のうちにも身体（物体）が措定されているのである[4]。

(2) しかしながら、諸々の実体的形相と付帯的形相との間にはこうした相違

---

1) 参照。第1章。
2) トマスは次のように付帯性を定義する。「付帯性とは基体において存在を有することがそれに適合するところの何性もしくは本質である」 *S. T.*, III, 77, 1, ad2.
3) 「自然的物体」と訳したが、原語は physicum corpus であり、自然学者が対象とする「自然」である。
4) 「霊魂は可能的に生命を持つ自然的物体の第一の現実態である」 Aristoteles, *De Anima* 412 b5.

quamvis in se considerata non habeat completam rationem essentiae, tamen est pars essentiae completae. Sed illud, cui advenit accidens, est ens in se completum, subsistens in suo esse. Quod quidem esse naturaliter praecedit accidens quod supervenit. Et ideo accidens superveniens ex coniunctione sui cum eo cui advenit non causat illud esse, in quo res subsistit, per quod res est ens per se, sed causat quoddam esse secundum, sine quo res subsistens intelligi potest esse, sicut primum potest intelligi sine secundo. Unde ex accidente et subiecto non efficitur unum per se, sed unum per accidens. Et ideo ex eorum coniunctione non resultat essentia quaedam, sicut ex coniunctione formae ad materiam. Propter quod accidens neque rationem completae essentiae habet neque pars essentiae completae est, sed sicut est ens secundum quid, ita et essentiam secundum quid habet.

(3) Sed quia illud, quod dicitur maxime et verissime in quolibet genere, est causa eorum quae sunt post in illo genere, sicut ignis qui est in fine caliditatis est causa caloris in rebus calidis, ut in II metaphysicae dicitur, ideo substantia quae est primum in genere entis, verissime et maxime essentiam habens, oportet quod sit causa

がある。すなわち，実体的形相は（自らが）そのものへと到り着くところのもの[5]なしには，自らによって絶対的な存在(エッセ)を有しないように，自らがそれへと到り着くところのそのもの，すなわち質料も絶対的な存在(エッセ)は有しないのである。このようなわけで両者の結合からして，それにおいて事物が自体的に自存するところのあの存在(エッセ)が結果として生ずるのであり，またそれらからして自体的な一が生ぜしめられるのである。このことのゆえに，それらの結合からして何らかの本質が結果として生ずることになる。ここからして，形相はそれ自体において考察されたかぎりでは完全な意味での本質ではないが，完全な本質の部分なのである。これにたいして，それに付帯性が到り着くところのそのもの[6]は，自らの存在(エッセ)(A)において自存する，自らにおいて完結的な在るもの(エンス)である。実際にこの存在(エッセ)(A)は，付け加わる付帯性に自然本性的に先行するのである。したがって，付け加わる付帯性は，自らがそれへと到り着くところのもの（基体）と結合することからして，それにおいて事物が自存し，それによって事物が自体的な在るもの(エンス)であるような，あの存在(エッセ)を原因するのではない。そうではなく，それは何らかの二次的な存在(エッセ)を原因するのであって，それなしにも自存する事物は在ると理解されることが可能なのである——一次的なものは二次的なものなしにも理解されうるように。ここからして，付帯性と基体からは自体的な一ではなく，付帯的な一が生ぜしめられるのである。したがって，それらの結合からは，質料への形相の結びつきからのように，何らかの本質が結果として生ずるのではない。そのことのゆえに，付帯性は完全な本質という意味・側面も有しないし，また完全な本質の部分でもないのであり，むしろそれはかぎられた意味で在るものであるように，そのようにまたかぎられた意味での本質を有するのである[7]。

(3) しかし，『形而上学』第2巻で言われているように[8]，熱の究極に位置

---

 5)　すなわち，質料。
 6)　すなわち，基体。
 7)　われわれは漠然と，量とか質などのような付帯性も「在る」のであって，「在るもの(エンス)」なのだ，と考えている。しかし，「付帯性にとっては，「ある」esse ということは，「においてある」inesse ということにほかならない。」S. T., I, 28, 2.
 8)　*Metaplysica* II, 993 b24.

accidentium, quae secundario et quasi secundum quid rationem entis participant. Quod tamen diversimode contingit. Quia enim partes substantiae sunt materia et forma, ideo quaedam accidentia principaliter consequuntur formam et quaedam materiam. Forma autem invenitur aliqua, cuius esse non dependet ad materiam, ut anima intellectualis; materia vero non habet esse nisi per formam. Unde in accidentibus, quae consequuntur formam, est aliquid, quod non habet communicationem cum materia, sicut est intelligere, quod non est per organum corporale, sicut probat philosophus in III de anima. Aliqua vero ex consequentibus formam sunt, quae habent communicationem cum materia, sicut sentire. Sed nullum accidens consequitur materiam sine communicatione formae.

(4) In his tamen accidentibus, quae materiam consequuntur, invenitur quaedam diversitas. Quaedam enim accidentia consequuntur materiam secundum ordinem, quem habet ad formam specialem, sicut masculinum et femininum in animalibus, quorum diversitas ad materiam reducitur, ut dicitur in X metaphysicae. Unde remota forma animalis dicta accidentia non remanent nisi aequivoce. Quaedam vero consequuntur materiam secundum ordinem, quem habet ad formam generalem, et ideo remota forma speciali adhuc in ea remanent, sicut nigredo cutis est in Aethiope ex mixtione elementorum et non ex ratione animae, et ideo post mortem in eis remanet.

する火が諸々の熱い事物における熱の原因であるように，いかなる類においても最大かつ最も真なる仕方で語られるところのものがその類におけるより後なる事物の原因であるから，在るもの(エンス)の類9)において第一のものであり，最も真実にそして最高に本質を有するものである実体は，第二次的にしていわばかぎられた意味で在るもの(エンス)という本質側面を分有する諸々の付帯性の原因であるのでなければならない。ところでこのことは多様な仕方で生起する。というのは，実体の諸部分とは質料と形相であるから，或る諸付帯性は主要的に形相から帰結し，或る諸付帯性は質料から帰結するからである。ところで，知的霊魂のように，それの存在(エッセ)が質料に依存しないような或る形相が見出される。これにたいして，質料は形相によることなしには存在(エッセ)を有することはない。ここからして，アリストテレスが『霊魂論』第3巻で説明しているように10)，形相から帰結する諸付帯性のなかには質料との関わりを有しないものがあり，たとえば身体的器官によるのではない知性認識の働きがそうである。他方，形相から帰結する付帯性の或るものは質料との関わりを有するのであり，たとえば感覚する働きがそうである。しかし，質料から帰結するいかなる付帯性も形相との関わりのないものではない。

(4) 他方，質料から帰結するところの諸付帯性においても何らかの多様性が見出される。というのは，或る諸付帯性は質料から（それが）動物における雌性と雄性のような特殊的形相にたいして有するところの秩序にもとづいて帰結するものであって，そうした（雌雄）相違は『形而上学』第10巻においても言われているように，質料へと還元されるのである11)。ここからして，動物的形相が除去されると，前述の付帯性も同語異義的にでなければ存続しないのである。これにたいして，或る諸付帯性は質料から（それが）一般的形相にたいして有する秩序にもとづいて帰結するものである。したがって，それらは特殊的形相が除去されてもそれらのうちに残存するのであって，たとえばエチオピア人の皮膚の黒さは諸元素の融合からのものであり，霊魂の

---

9) 「類」genus という用語が用いられているが，在るもの(エンス)は厳密な意味での類ではない。
10) De Anima III, 429 b3.
11) Metaphysica X, 1058 b21.

(5) Et quia unaquaeque res individuatur ex materia et collocatur in genere vel specie per suam formam, ideo accidentia, quae consequuntur materiam, sunt accidentia individui, secundum quae etiam individua eiusdem speciei ad invicem differunt, accidentia vero, quae consequuntur formam, sunt propriae passiones vel generis vel speciei; unde inveniuntur in omnibus participantibus naturam generis vel speciei, sicut risibile consequitur in homine formam, quia risus contingit ex aliqua apprehensione animae hominis.

(6) Sciendum etiam est quod accidentia aliquando ex principiis essentialibus causantur secundum actum perfectum, sicut calor in igne, qui semper est actu calidus; aliquando vero secundum aptitudinem tantum, sed complementum accidit ex agente exteriori, sicut diaphaneitas in aere, quae completur per corpus lucidum exterius. Et in talibus aptitudo est accidens inseparabile, sed complementum, quod advenit ex aliquo principio, quod est extra essentiam rei vel quod non intrat constitutionem rei, est separabile, sicut moveri et huiusmodi.

(7) Sciendum est etiam quod in accidentibus alio modo sumitur genus, differentia et species quam in substantiis. Quia enim in substantiis ex forma substantiali et materia efficitur per se unum una quadam natura ex earum coniunctione resultante, quae proprie in praedicamento substantiae collocatur, ideo in substantiis nomina concreta, quae compositum significant, proprie in genere esse dicuntur sicut species vel genera, ut homo vel animal. Non autem

本質側面からのものではないから，死後においても彼のうちに残るのである。

(5) また各々の事物は質料からして個体化され，その形相によって類あるいは種のうちに位置づけられるのであるから，質料から帰結するところの諸付帯性は個体の付帯性であり，それら（付帯性）にもとづいて，同じ種に属するものであっても諸々の個は相互に異なっているのである。これにたいして，形相から帰結するところの諸付帯性は類もしくは種に固有の属性であり，ここからして類もしくは種の本性を分有するすべてのものにおいて見出される。たとえば，笑いうることが人間において形相から帰結するものであるようにである。なぜなら，笑いは人間の霊魂が何か把捉することからして生起するものだからである。

(6) さらにまた，諸々の付帯性は時として本質的諸根源から完全な働きにもとづいて原因される——たとえば，常に熱いものである火における熱のように——が，時としては適性のみにもとづいて原因され，補完は外的な能動因から付加される，ということも知っておかなければならない。後者の例は大気における透明性であり，それは外的な光る物体によって完成されるのである。そして，このような付帯性において，適性は不可分離的な付帯性である。しかし事物の本質の外にあるか，あるいは事物の構成には入ってこない或る外的根源からして到り着くところの補完は，たとえば運動とかその種のことのように分離可能である。

(7) また諸々の付帯性においては，類，種差および種は，諸々の実体においてとは異なった仕方で解されることを知っておかなければならない。というのは，諸実体においては実体的形相と質料からして自体的に一なるものが生ぜしめられる——それらの結合からして本来的に実体の範疇のうちに位置づけられるところの，何らかの一つの本性が結果することによって——のであるから，したがって諸実体においては，複合体を表示する具体的名称——たとえば「人間」あるいは「動物」のような——は，本来的に，諸々の種もしくは諸々の類のように，類[12]のうちにあると言われる。他方，形相や質料

forma vel materia est hoc modo in praedicamento nisi per reductionem, sicut principia in genere esse dicuntur. Sed ex accidente et subiecto non fit unum per se. Unde non resultat ex eorum coniunctione aliqua natura, cui intentio generis vel speciei possit attribui. Unde nomina accidentalia concretive dicta non ponuntur in praedicamento sicut species vel genera, ut album vel musicum, nisi per reductionem, sed solum secundum quod in abstracto significantur, ut albedo et musica. Et quia accidentia non componuntur ex materia et forma, ideo non potest in eis sumi genus a materia et differentia a forma sicut in substantiis compositis, sed oportet ut genus primum sumatur ex ipso modo essendi, secundum quod ens diversimode secundum prius et posterius de decem generibus praedicatur; sicut dicitur quantitas ex eo quod est mensura substantiae, et qualitas secundum quod est dispositio substantiae, et sic de aliis secundum philosophum IX metaphysicae.

(8) Differentiae vero in eis sumuntur ex diversitate principiorum, ex quibus causantur. Et quia propriae passiones ex propriis principiis subiecti causantur, ideo subiectum ponitur in diffinitione eorum loco differentiae, si in abstracto diffiniuntur secundum quod sunt proprie in genere, sicut dicitur quod simitas est nasi curvitas. Sed e converso esset, si eorum diffinitio sumeretur secundum quod concretive dicuntur. Sic enim subiectum in eorum diffinitione poneretur sicut genus, quia tunc diffinirentur per modum substantiarum compositarum, in quibus ratio generis sumitur a materia, sicut dicimus quod simum est nasus curvus. Similiter etiam est, si unum accidens alterius

はこのような仕方でカテゴリーのうちにあるのではない——諸々の根源が類のうちにあると言われるように，還元による場合は別であるが。しかし，付帯性と基体からは自体的に一なるものは生じない。ここからして，それらの結合からはそれに類あるいは種の概念が帰属させられうるような何らの本性も結果しえないのである。ここからして，「白いもの」とか「音楽的なもの」のように，具体的に言われた付帯的名称は諸々の種もしくは類のようにカテゴリーのうちに置かれることは——還元という仕方によってでなければ——ないのであって，むしろ「白さ」とか「音楽」のように抽象的に表示されるかぎりにおいてのみである。また，付帯性は質料と形相から複合されるものではないから，したがってそれらにおいては複合的諸実体におけるように，類が質料から，そして種差が形相から取ってこられることはありえない。むしろ第一の類は，「在るもの（エンス）」がカテゴリーの十個の類についてより先・より後ということにもとづいて多様な仕方[13]で語られることにもとづいて，（事物の）在り方そのものからして取ってこられるのでなければならない。アリストテレスが『形而上学』第9巻で述べているところによると[14]，たとえば，量が実体の尺度（どれほど）であることからして，また質が実体の態勢であることにもとづいて，また他の類についてもそのような仕方でそれぞれ呼ばれているようにである。

(8) 他方，それら（付帯性）においては種差は（それらが）それらによって原因されるところの諸根源の多様性から取ってこられる。そして固有的諸属性は主体の固有的諸根源によって原因されるのであるから，したがって基体は，もし付帯性が抽象的に，すなわち本来的に類のうちにあるかぎりにおいて定義されるのであれば，種差の代りにそれら（付帯性）の定義のうちに置かれるのである。たとえば獅子鼻性とは鼻の曲がった状態である，と言われる場合である。しかし，もしそれら（付帯性）の定義が具体的に語られるところにもとづいて下されるのであれば，逆のことになるであろう。というの

---

12) 「類」は，ここでは「カテゴリー」と訳すべきであろう。
13) すなわち，一義的にではなく，類比的に。
14) *Metaphysica* IX, 1045 b27-32.

accidentis principium sit, sicut principium relationis est actio et passio et quantitas; et ideo secundum haec dividit philosophus relationem in V metaphysicae. Sed quia propria principia accidentium non semper sunt manifesta, ideo quandoque sumimus differentias accidentium ex eorum effectibus, sicut congregativum et disgregativum dicuntur differentiae coloris, quae causantur ex abundantia vel paucitate lucis, ex quo diversae species colorum causantur.

Sic ergo patet quomodo essentia est in substantiis et accidentibus et quomodo in substantiis compositis et simplicibus et qualiter in his omnibus intentiones universales logicae inveniuntur excepto primo, quod est in fine simplicitatis, cui non convenit ratio generis vel speciei et per consequens nec diffinitio propter suam simplicitatem. In quo sit finis et consummatio huius sermonis. Amen.

は，その場合には基体はそれら（付帯性）の定義において類として措定されることになるであろうからである。なぜなら，そのときには付帯性は複合的な諸実体——それらにおいては類の概念は質料から取ってこられる——の仕方で定義されることになるであろうからである。たとえば，われわれは獅子鼻は曲がった鼻である，と言うのである。さらにまた，能動や受動，そして量が関係の根源であるように，もし一つの付帯性が他の付帯性の根源であるならば，同様のことが言える。したがって，アリストテレスは『形而上学』第5巻において関係をこれらにもとづいて区分しているのである[15]。しかし，諸々の付帯性の固有的根源は常に明白であるのではないので，したがってわれわれは時として付帯性の種差をそれらの諸結果から取ってくるのである。たとえば，収縮的とか拡散的ということが色の種差であると言われるが，それらは光の充満と僅少——それから光の多様な種が生ぜしめられる——からして原因されるものである[16]。

このようなわけで，どのような仕方で本質が諸実体と諸付帯性のうちに在るのか，また複合的諸実体と単純な諸実体のうちに在るのか，またどのようにこれらすべてのもののうちに論理学の諸普遍概念が見出されるのか，はあきらかである——ただ単純性の終極に在る第一根源を除けばであって，このものにはその単純性のゆえに，類あるいは種という概念，そしてその帰結として定義は適合しないのである。このものにおいてこの論説の終極と最終的完成があらんことを。アーメン。

---

15) *Ibid*. V, 1020 b26.
16) 参照。*Ibid*. X, 1057 b8-18.

訳者註解

〔1〕ここでは「知性によって最初に捉えられる」と言われているが，同じ時期の著作『命題論集註解』では「知性の表象に入る最初のものは在るものであり，それなしには何も知性によっては捉えられない」primum quod cadit imaginatione intellectus est ens, sine quo nihil potest apprehendi ab intellectu (*Scriptum super libros Sententiarum*, I, VIII, 1, 3, sol.) という言い方をしている。数年後の著作『真理論』では「知性がいわば最も知られたものとして最初に捉え，それへとすべての捉えられたことを還元するのは在るものである」illud quod primo intellectus concipit quasi notissimum et in quod conceptiones omnes resolvit est ens (*Quaestiones Disputatae De Veritate*, I, 1.) ;「知性の把捉のうちに最初に入るのは在るものである」illud quod primo cadit in apprehensione intellectus est ens (*Ibid.*, XXI, 4, ad 4) と述べている。同様の言明は成熟期ないし後期の著作『神学大全』にも見出される。「知性の把捉に最初に入るのは在るものである」primo in conceptione intellectus cadit ens (*Summa Theologiae*, I, 5, 2) ;「（知性の）把捉の下に最初に入るのは在るものであり，それの理解は人が把捉するものが何であろうとすべてのうちに含まれている」illud quod primo cadit sub apprehensione est ens, cujus intellectus in-cluditur in omnibus quaecumque quis apprehendit. (*S. T.*, I–II, 94, 2)「第一に」あるいは「最初に」とは厳密にどのような意味で言われているかが問題であるが，単純に時間的に最初に認識されるもの，という意味に解することはできない。なぜなら，トマスによると「身体と結びついている人間の知性の固有の対象 proprium objectum は，物体的質料においてある（＝感覚によって捉えられる事物の）何性ないし本性である」(*S. T.*, I, 84, 7) から，「われわれの自然（本性）的な認識 naturalis cognitio は感覚 sensus から始まる」(*S. T.*, I, 12, 12)，としなければならないからである。むしろ「第一に」「最初に」の厳密な意味は，「最も知られたものとして最初に捉え，それへとすべての捉えられたことを還元する」あるいは「それの理解は人が把捉するものが何であろうとすべてのうちに含まれている」という意味に解すべきである。トマスは別の箇所で「（在るものとは）色彩のもとにそれ自体で可視的なあらゆる色彩が含まれているように，知性によって認識されるすべてのものがそれのもとに含まれているところのもの，である」(*Summa Contra Gentiles*, II 83) と述べており，その意味

で「在るもの」は知性の「一つの自然本性的な対象」unum naturale objectum であって、「われわれの知性は自然本性的に在るものを認識する」intellectus noster naturaliter cognoscit ens（*Ibid.*）と言明する。「最初に」は「自然本性的に」を意味するとも言えよう。

〔2〕トマスはその主著『神学大全』冒頭の「序言」で述べているように「学習の順序」ordo disciplinae に配慮する教師であった。なお著作の真偽性について疑問は残っているが、トマスの書簡として伝えられている『兄弟ヨハネスへの学習法に関する訓戒の手紙』（『中世思想原典集成14　トマス・アクィナス』竹島幸一訳、平凡社、1993年）にも「われわれはより容易なことがらから、より困難なことがらへと歩みを進めるべきである」という一節が含まれている。

〔3〕「在るもの」の10個の「類」についてはこの箇所のほか、『カテゴリー論』第5-9章で論じられている。簡潔な解説として次を参照。出隆『アリストテレス哲学入門』岩波書店、1972年、81ページ。なお、存在の基本様式としてのこれら10個の類（カテゴリー）の独自の研究として次を参照。松本正夫『「存在の論理学」研究』岩波書店、1969年。

〔4〕ここで事物の本質ないし何性を言いあらわすのに「何かであるところのもの」と現在形が用いられず、「何かであったところのもの」と未完了過去形が用いられていることについては、V. M. プリオット／日下昭夫訳『聖トマス・アクィナス　有と本質について』聖トマス学院、1955年、譯註第1章⑿90ページを参照。

〔5〕「より先・より後なる仕方で言われる」とは類比（analogia）的に、ということである。類比については、何よりも『神学大全』第1部第13問題を参照。「存在の類比」analogia entis という、トマス自身は用いていない表現の下に多くの議論が為されたが、トマスの「類比」理解については次を参照。George P. Klubertanz, *St. Thomas on Analogy A Textual Analysis and Systematic Synthesis*, Loyola University Press, 1960; Ralph McInerny, *Aquinas and Analogy*, The Catholic University of America Press, 1996.

〔6〕「形相」と「質料」についてはトマス・アクィナス『自然の諸原理について』長倉久子・松村良祐訳註、知泉書館、2008年を参照。

〔7〕「個体化の根源」の問題は、この後、激しい論争を引き起こすことになるが、オッカム（William Ockham 1285-1347）の根元的な個体主義——すべての存在するものは「それ自身において、それ自身からして」個体であるから、「個体化については何らの原因も探求すべきではない」——が確立され、影響力を広めるのに応じて、問題そのものが消滅した。参照。拙著『抽象と直観』創文

社，1990年。とくに第11章279-336ページ。
〔8〕ここでトマスが論じているのは一つの事物にはただ一つの（実体的）形相しかありえない，という形相唯一性(りいつ)の説である。トマスはとくに力む様子も見せず，あたかもこの説が自明的であるかのように淡々と自説を述べているが，実はこの説は当時大きな影響力を有していたフランシスコ会の神学者たちによって支持されていた形相多数説と正面から対立するものであり，実際に後でこの問題をめぐって，トマスは公開の席で，パリ大学で神学教授をつとめ，その後カンタベリー大司教となったフランシスコ会のジョン・ペッカム（1235-92）から激しく攻撃された。ペッカムによると，トマスの学説を受けいれた場合，十字架上のキリストの生ける身体(コルプス)と，墓に埋葬された彼の死体(コルプス)とは同一であるとは言えなくなり（霊魂という唯一の形相のほか生・死に関わりのない物体としての形相を認めないがゆえに）信仰に反する結論を認めざるをえなくなる。このように，事は哲学の問題にとどまらず，キリスト教信仰そのものをゆるがすことになりかねない，というのである。トマス自身はこの問題を『神学大全』第3部第50問題第5項「生けるキリストと死せるキリストの身体は数的に同一であったか」で考察しており，ペッカムの批判を反駁している。
〔9〕「普遍（性）」をすべての個について述語することが可能であるような一般性という意味（これは広く受けいれられている見解である）に解するわれわれにとって，トマスのこの主張は極めて奇異に響く。この後すぐ述べているように，トマスは普遍性を生ぜしめるのは知性である，という基本的立場——これは現代のわれわれには理解し難い——をとっているのである。
〔10〕トマスがここで「註釈家」と呼ばれるほどにアリストテレス哲学に関する権威を認められていたアヴェロエスの見解を「明白な誤謬」と言明していることは注目に値する。彼は後年，このアヴェロエス説をめぐってパリ大学人文学部のアヴェロエス派との論争に従事することになる。
〔11〕したがって，われわれが分離的実体ないし知性体としての天使たちの多数性について語る場合，それは人間の場合のように同一の種における諸々の個体という多数性ではなく，同一の類における諸々の種の多様性であることを理解する必要がある。
〔12〕ここでトマスが指摘している「存在」と「本質」の区別を，直ちに「…がある」existentia と「…である」essentia との実在的区別 distinctio realis と同一視してはならない。トマスのエッセを安易にエクシステンティアと同一視すべきではないことについては山田晶『トマス・アクィナスの《エッセ》研究』（創文社，1978年）に含まれている「存在とエッセ　トマスにおけるエッセと

エクシステレについて」を参照。トマス以後の「スコラ哲学者たち」における「実在的区別」をめぐる論争は，トマスの言う「エッセ」の意味が十分に理解されなかったことに由来するほとんど実りのない論争であったと言わざるをえない。

〔13〕神であるところの第一原因は，トマスによると，けっして自己原因ではない。ここでトマスが明確に述べているように，「或るものが自分自身を存在(エッセ)へと産出する」ことは明白な矛盾であり，不可能なのである。アリストテレスが『形而上学』(982 b25-28)で「(われわれは)他の人のためにではなくおのれ自らのために causa sui 生きている人を自由な人であると言う」(出隆訳)と述べているのを「自由人は自己原因である」と訳すのは誤解を招き易く不適切である。まして，神は存在を他から得てくるのではなく，自らによって在るものであり，第一原因であることを，神は「自己原因」であると言い表わすことは明白な誤謬である，と言わざるをえない。

〔14〕トマスがここで人間霊魂は諸々の知的実体の序列において，感覚によって捉えられる諸々の事物の世界において第一質料が占めるような最低の位置を占めている，と言明していることは多くの人を驚かせるに違いない。トマスが考える人間の世界は物理学的宇宙には限られていないのである。われわれ近代人は古代や中世の人間が閉じこめられていた小さな宇宙から自らを解放したかのように信じこんでいるが，逆に狭隘な牢獄に自らを閉じこめているのではないか。

〔15〕知性的霊魂と身体（厳密に言えば「質料」）の合一として人間を理解する点で，トマスはアリストテレスの立場を継承したのであって，両者の心身論は基本的に一致するというのが通説であるが，ここでトマスが明言しているように，人間の「存在(エッセ)」は霊魂に固有であって，他の諸々の複合実体におけるように，霊魂と身体との合一したものの「存在(エッセ)」ではない。したがって，トマスはアリストテレスとは全く異なった視点から人間における心身の合一を理解しているのであって，彼の心身論の基本的立場をアリストテレス的と特徴づけるのは適切ではない。参照。拙著『トマス・アクィナス哲学の研究』創文社，1970年，第八章「心身論」199-232ページ。

〔16〕このことは，言いかえると人間霊魂は自存するもの subsistens である，ということである。『神学大全』第1部第75問題第1項。ここからして人間霊魂の「存在」は身体に依存するものではないから，身体が滅びてもそれにともなって滅びるのではない。『神学大全』第1部第75問題第6項。トマスはここからさらに進んで，人間霊魂は自存するものであるがゆえに不可滅 incorruptibi-

lis であることを論証する。『神学大全』第 1 部第75問題第 6 項。
〔17〕トマスが個体化の根源 principium individuationis は指定された質料 materia signata であると主張しているのを，そのまま人間の場合に適用して，人格 persona である個々の人間の独自性と尊厳を無視するものであると批判する議論があるが，ここでのトマスの説明はそのような異論に適切に答えている。
〔18〕可感的事物の本質ないし何性は，人間知性にとっての固有の対象である（『神学大全』第 1 部第84問題第 7 項）にもかかわらず，われわれにとって根本的には「知られざるもの」である，という主張は，極めて逆説的である。トマスの「哲学」は屢々「主知主義」として特徴づけられ，それは誤りであるとは言えないが，彼の「哲学」には一種の不可知論の要素がふくまれていることも否定できない。

索　引

ア　行

アヴィケブロン Avicebron……………………………………49
アヴィセンナ Avicenna……………………5, 9, 15, 25, 31, 37, 43, 53, 55, 69, 71
アヴェロエス（註釈家）Commentator………………7, 13, 15, 19, 29, 43, 59, 61, 67
アリストテレス（哲学者）Philosophus………5, 7, 9, 27, 49, 51, 63, 67, 73, 81, 85, 87
暗黙的に implicite……………………………………………23, 25
一性 unitas……………………………………………29, 39, 41, 43, 45
意味内容 intellectus……………………………………………55, 67
受け取る recipere……………………………………………53, 59, 73, 75
ウシア usia……………………………………………………15
運動（する）moveri……………………………………………25, 83
映像 imago………………………………………………………43
エチオピア人 Aetiops……………………………………………81

カ　行

概念 intellectus, ratio……………………27, 29, 31, 37, 39, 45, 47, 75, 85, 87
外的根源 principium extrinsecum………………………………57, 83
可感的形相 forma sensibilis……………………………………61
可感的存在 esse sensibile………………………………………61
拡散的 disgregativum……………………………………………87
学習 disciplina……………………………………………………5, 11
確定された諸次元 determinatae dimensiones……………………19
限られた意味で（限定された意味で）secundum quid……………11, 15, 79, 81
可知性 intelligibilitas……………………………………………51
可能態 potentia……………………………………13, 55, 59, 61, 63, 73
可能知性 intellectus possibilis…………………………………61
感覚的霊魂 anima sensibilis……………………………………25
関係 relatio………………5, 13, 15, 19, 25, 27, 31, 33, 37, 43, 47, 51, 59, 61, 75, 87
還元 reductio………………………………………………59, 81, 85
完全性 perfectio……………………………………21, 23, 25, 27, 55, 67, 73
機会原因的に occasionaliter……………………………………69
僅少 paucitas……………………………………………………87
基体 subjectum……………………………………13, 27, 59, 77, 79, 85, 87
規定 certitudo……………………………………………………9
ギリシア人 Graecus………………………………………………15
共通性 communitas………………………………………………41

共通的存在 esse commune ……………………………………………………67
具体的名称 nomen concretum ……………………………………………83
形象 species ……………………………………………………………………43
形相 forma ……………………… 9, 13, 15, 17, 21, 23, 25, 27, 29, 33, 43, 49, 51, 53, 57, 59,
　　　63, 65, 71, 73, 77, 79, 81, 83, 85
結合し・分割する componens et dividens ………………………………45
現実態 actus ……………………………………………… 15, 55, 59, 61, 69, 77
元素 elementum ……………………………………………………………63, 81
高貴な存在 esse nobilius ……………………………………………………11
構成的部分 pars integralis ………………………………………………19, 21
個体化された存在 esse individuatum …………………………………………69
個体化の根源 principium individuationis …………………………………17, 31
個別者，個体 singulare …………………………………… 19, 37, 39, 41, 55, 57
固有的種差 differentia propria ……………………………………………69
固有的諸根源 principia propria ……………………………………………85
固有的諸属性 passionnes propriae …………………………………………85
固有的な付帯性 accidens proprium ………………………………………71
根源 principium …………………………………………………………13, 23

サ　行

作動原因 causa efficiens ……………………………………………………57
始源 principium ………………………………………………………………5, 69
自然学者 naturalis ……………………………………………………………77
自然学的な定義 definitio naturalis …………………………………………13
自然的物体 corpus physicum ………………………………………………77
自然本性 natura ……………………………………………………………5, 9, 79
自存する subsistens …………………………………………… 53, 57, 61, 79
自体的な一 unum per se ……………………………………………………79
実在 res …………………………………………………………………………37
実在のうちに in re, in rerum natura, in natura ……………………………7
実体 substantia …………………… 11, 13, 21, 49, 53, 55, 61, 65, 69, 71, 73, 77, 81, 83, 85, 87
実体的形相 forma substantialis ……………………………………77, 79, 83
実体的存在 esse substantiale ………………………………………………77
述定可能性 praedicabilitas …………………………………………………45
質料 materia ………………………… 9, 13, 15, 17, 19, 25, 27, 29, 33, 43, 49, 51, 53, 55, 57, 59,
　　　61, 63, 67, 69, 71, 73, 77, 79, 81, 83, 85, 87
質料的形相 forma materialis …………………………………………………49
質料的部分 pars materialis …………………………………………………33
指定された質料 materia signata ………………………………17, 31, 33, 53, 75
自分自身の原因，自己原因 causa sui ……………………………………57, 59
捨象 praecisio ……………………………………………………………23, 31, 33

捨象的に cum praecisione ……………………………………………………………21
種 species ………………………………5,7,9,13,15,19,21,25,27,29,31,33,37,39,41,43,45,
　　47,53,55,57,59,61,65,69,71,73,75,83,85,87
種差 differentia ……………………………5,19,25,27,29,33,37,47,69,71,73,83,85,87
終極 finis ……………………………………………………………………………69,87
収縮的 congregativum ………………………………………………………………87
充満 abundantia ………………………………………………………………………87
述語づけ praedicatio …………………………………………………………………45
受動 passio ………………………………………………………………………63,87
受動する pati …………………………………………………………………………59
受容可能性 capcitas ………………………………………………………………67,69
純粋現実態 actus purus …………………………………………………………53,55,73
知られざるもの ignota ……………………………………………………………69,71,73
身体 corpus ………………………………………………………13,21,27,29,63,69,77
身体的器官 organum corporale ………………………………………………………81
数学的な定義 definitio mathematica …………………………………………………13
数的に numero………………………………………………………………………29,55
生命あるもの animatum ………………………………………………………………25
絶対的な考察 consideratio absoluta …………………………………………………39
絶対的な存在 esse absolutum ……………………………………………………69,79
善性 bonitas ……………………………………………………………………………65
全体の形相 forma totius ………………………………………………………………33
属性 passio…………………………………………………………………………27,45,83
ソクラテス Socrates………………………………………………19,31,33,35,37,39,41,45
存在のみ esse tantum …………………………………………………………………59

タ・ナ 行

体 corpus …………………………………………………………………5,21,23,25,33
第一原因 causa prima ……………………………………………………………49,59,65
第一根源 principium primum ………………………………………………………11,53,87
第一の諸形相 primae formae …………………………………………………………63
態勢づけられる disponitur ……………………………………………………………63
卓越性 nobilitas ………………………………………………………………………67
多数性 multiplicitas …………………………………………………………………61,69
単純実体 substantia simplex …………………………………………………………11,53,59
単純性 simplicitas …………………………………………………………………49,55,87
単純な種差 differentia simplex ………………………………………………………71
単純な何性 quiditas simplex ………………………………………………………51,71
端的な考察 consideratio absoluta ……………………………………………………41
知性体 intelligentia ……………………………………………………49,51,53,57,59,61,69
知性認識（する）intelligere …………………………………………………………81

知的霊魂　anima intellectualis……………………………………………………81
抽象的　in abstracto……………………………………………………………85
「…であるもの」 quod est……………………………………………33, 61, 71
定義　definitio……………………9, 11, 13, 17, 19, 25, 27, 29, 31, 39, 45, 55, 77, 85, 87
適性　aptitudo……………………………………………………………………83
哲学者たち　philosophi……………………………………………………9, 49, 65
同語異義的に　aequivoce………………………………………………………59, 81
特殊的形相　forma specialis……………………………………………………81

二次的な存在　esse secundum…………………………………………………79
「…によって在るもの」 ex quo est…………………………………………59, 61, 67
人間性　humanitas………………………………………………7, 31, 33, 35, 37, 39, 41
人間霊魂　anima humana……………………………………………………61, 63, 69
能動　actio………………………………………………………………49, 63, 87
能動因　agens……………………………………………………………………83

ハ　行

排除　exclusio………………………………………………………23, 31, 41, 67
範疇　praedicamentum……………………………………………………69, 83
非質料的実体　substantia immaterialis…………………………………………71
被造的な知的実体　substantia creatae intellectualis…………………………67
表示・再現　repraesentatio……………5, 7, 9, 11, 13, 15, 17, 21, 23, 25, 27, 29, 31, 33, 37, 43, 45, 53, 71, 77, 83, 85
不確定性　indeterminatio………………………………………………………29
複合実体　substantia composita…………………………………………11, 13, 37, 53
複合体　compositum……………………………………………15, 17, 27, 31, 63, 83
複数性　pluralitas………………………………………………………………39
不死鳥　Phoenix………………………………………………………………55
付帯性　accidens………………………………11, 13, 15, 39, 47, 77, 79, 81, 83, 85, 87
付帯的種差　differntia accidentalis……………………………………………71
付帯的存在　esse accidentale…………………………………………………77
付帯的な一　unum per sccidens………………………………………………79
付帯的名称　nomen accidentale………………………………………………85
物体的形相　forma corporalis…………………………………………………51
物体的実体　substantia corporalis………………………………………51, 59
物体的質料　matteria corporalis………………………………………………51
普遍　universale………………………………………………………………41, 43
普遍性　universalitas……………………………………………………………43
普遍的概念　ratio universalis…………………………………………………37
普遍的存在　esse universale……………………………………………………65
プラトン　Platon……………………………………………………………39, 51

索　引

プラトン派　Platonici……………………………………………………37
分有する　participans………………………………63, 67, 73, 81, 83
分離的実体　substantia separata………………………………49, 61, 71
ボエティウス　Boethius………………………………………………9, 15, 61
発端　inchoatio………………………………………………………………69
本質側面　ratio……………………………39, 41, 43, 45, 47, 51, 81, 83
本質的な種差　differentia essentialis………………………………………69
本質的な諸根源　principium essentiale……………………………………83
本性　narura, ratio……………9, 11, 15, 21, 27, 29, 31, 33, 37, 39, 41, 43, 45, 47, 51, 55, 57, 59, 61, 65, 67, 73, 83, 85

マ〜ワ　行

未決定性　indifferentia………………………………………………………29
無条件的な考察　consideratio absoluta……………………………45, 47
無条件的に　absolute…………………………………………………………45
命題　propositio…………………………………………………7, 51, 65, 69
免除　immunitas………………………………………………………………49

より先・より後ということにもとづいて　secundum prius et posterius………85
より先なる事柄・より後なる事柄　priora, posteriora………………………5

理性的動物　animal rationale………………………………………………27
量　quantitas………………………………………………21, 73, 79, 85, 87
類　genus……………5, 7, 9, 13, 19, 21, 23, 25, 27, 29, 31, 33, 37, 41, 43, 45, 47, 53, 55, 65, 67, 69, 71, 73, 77, 81, 83, 85, 87
霊魂　anima………13, 23, 25, 27, 29, 39, 41, 43, 45, 47, 49, 51, 59, 61, 63, 69, 71, 77, 81, 83
論理学的概念　intentio logica………………………………………………5

笑い　risus……………………………………………………………………83
笑うことができる　risibile…………………………………………………57

稲垣 良典（いながき・りょうすけ）
1928年佐賀県に生まれる。1951年東京大学文学部哲学科卒業。九州大学文学部教授を経て，現在，長崎純心大学大学院教授。
〔著訳書〕『トマス・アクィナス哲学の研究』『習慣の哲学』『恵みの時』『抽象と直観』『神学的言語の研究』『人格《ペルソナ》の哲学』，トマス・アクィナス『神学大全』全45分冊のうち27分冊（以上，創文社），『トマス・アクィナス倫理学の研究』（九州大学出版会），『天使論序説』『トマス・アクィナス《神学大全》』（以上，講談社），『トマス・アクィナスの共通善思想』（有斐閣），『トマス・アクィナス』（勁草書房），『信仰と理性』（第三文明社）

〔在るものと本質について〕　ISBN978-4-86285-130-7

2012年3月25日　第1刷印刷
2012年3月30日　第1刷発行

訳註者　稲垣良典
発行者　小山光夫
印刷者　藤原愛子

発行所　〒113-0033 東京都文京区本郷1-13-2
電話03(3814)6161 振替00120-6-117170
http://www.chisen.co.jp
株式会社　知泉書館

Printed in Japan　　印刷・製本／藤原印刷